De nudos, vientos y otros pájaros

Gisela Morade

Buenos Aires

www.hojasdelsur.com

De nudos, vientos y otros pájaros
Gisela Morade

1a edición

Editorial Hojas del Sur S.A.
Albarellos 3016
Buenos Aires, C1419FSU, Argentina
e-mail: info@hojasdelsur.com
www.hojasdelsur.com

ISBN 978-987-8310-48-0

Dirección editorial: Andrés Mego
Edición: Paola Adler
Diseño de portada e interior: Arte Hojas del Sur

Morade, Gisela
De nudos, vientos y otros pájaros / Gisela Morade. - 1a ed . - Ciudad Autónoma de Buenos Aires : Hojas del Sur, 2021.
128 p. ; 21 x 14 cm.
ISBN 978-987-8310-48-0
1. Autoayuda. 2. Relatos Personales. I. Título.
CDD 158.1

A mis hermanos...
Y a vos... por tanto.

Palabras de la autora

Se me enseñó, en los comienzos de mi tiempo, algunos asuntos que cuestiono hoy. Mi futuro iba de la mano con lo que esperaba el resto de mí. En esos moldes tan pequeños me sentía ahogada, igual al montón. Desde pequeña todo era percibido a través de mis ojos y sentidos con una intensidad fuera de lo común. Me emocionaba todo... (hasta lo más simple), en todos podía ver luz, y aún cuando mis ojos observaban la profunda oscuridad, ahí yo encontraba color. No sé explicarlo muy bien, solo que se siente en el centro del pecho, y que desde ahí se extiende a cada rincón de mi cuerpo. A flor de piel todos los sentidos. Hasta escuchar un piano me hace levantar los pelitos del brazo, una buena película me alborota los ojos de mar, y ver a una pareja de la mano por la calle me roba las mejores sonrisas. Sé que entre tanta gente hay muchos más como yo, ¡y eso me gusta..! Me los imagino en todas partes: haciendo arte callejero, atendiendo una panadería, detrás de un escritorio llevando "el debe y el haber", enseñando al frente de una clase, yendo a apagar un incendio en la autobomba, cortando fiambre en un almacén, cambiando el aceite y los filtros dentro de una fosa, arriba de un tractor trabajando la tierra, o barriendo las calles con su escobillón. ¡Estamos en todos lados! ¡Y somos un montón!

Se esperaba de mí todo aquello que no fui capaz de cumplir. No fue rebeldía, sino un claro acto de respeto a quien realmente soy, y a quien en un futuro aspiro a ser.

Una noche igual a muchas otras, pedí saber qué hacer con una sensibilidad tan grande, pedí incluso una más pequeña, una que no hiciera que me doliera el mundo de tal manera... solo recibí silencio. Pero de alguna forma extraña algo me hizo tomar una hoja y comenzar a escribir. Y en eso sigo.

¡Estamos en todos lados! ¡Y somos un montón!

GI.

El nudo que soy

¡Loca de mierda!

¡Loca de mierda! ¡Sí! ¡Loca de mierda! Como mi madre, como mi abuela y mi tía! Loca de esas, de las de atar... de las que hay que controlar, de las que no hay que dejar que sonrían. Loca y jetona por demás... de las que no se muerde la lengua, de las que no acepta penitencias y escupe lo que otros guardan entre dientes. ¡Loca intensa! Apasionada... irreverente. Que no le importa lo que diga la gente... si al final del día no son ellos los que ponen a la mesa un plato de comida caliente. Loca de remate, de las atrevidas... de las que se mira de reojo y se murmura por lo bajo. De las de edición limitada... Si me cuidás, ¡tenés loca para rato!

Confesión

Debo confesar que soy un quilombo caminando. La imperfección en persona...

—¡Mucho gusto!

La imposible domesticación de mis manos

Veintisiete días sin poder sentarme a escribir algo... ¡porque hasta los he contado! como quien cumple condena y pinta palitos tachados en los muros. Yo he contado los días en que de mí se escondían las palabras. Jamás... pude domesticar a mis manos, para que hagan algo que no quieren. Es entonces cuando las veía por otros lugares, haciendo otras cosas. Por las mañanas preparaban mates, ordenaban la casa, regaban las plantas. En las tardes se repartían el tiempo entre cultivar afectos... y abrir reposeras, que me permitían disfrutar de todo el sol, que va dejando enero. En las noches, las muy desobedientes... descorchaban alguna que otra botella de malbec en cenas con amigas.

Disponían de tiempo, pero se negaban a escribir. Había que esperarlas. A ellas. A mí. Por eso hoy, al abrir los ojos en la mañana... lo supe. Hoy era el día.

Se para el mundo... mientras escribo esto. Son muchos días de silencio obligado. Demasiados días sintiendo, sin poder ponerle palabras. Y es que es eso: ¡estoy sintiendo! Tal vez de una manera diferente (¡eso quisiera yo!). Para demostrarme que aprendí, de una vez por todas, ¡aprendí! Pero no. ¡Ahí voy de nuevo! Otra vez con "lo complicado", "lo rozando lo imposible". "¡No toques que te quemás!"... y ahí voy yo, con las dos manitos hacia adelante, a sentir el fuego. ¡Cabezona! Y es que de nada sirve que me digan que me voy a dar contra la pared. Yo apuro el paso. ¿Porfiada? Sí, un poco. Todo lo tengo que experimentar en carne propia. Siempre viendo oportunidades donde los demás no. Esa pregunta casi obligada que me hago: ¿y si fuera? Pregunta que me ha dejado más dolores de cabeza que aciertos. ¡Amante incorregible de causas imposibles! ¡Y no escarmienta!, diría la abuela.

Tal vez si te vieran sonreír, como lo hago yo... entenderían. Quizás... si notaran la forma en que nos miramos, también.

Jamás... pude domesticar a mis manos para que hagan algo que no quieren. Mucho menos, a mi corazón.

Desahogo

Apuró el último sorbo de vino que quedaba en la copa, hacía rato no se encontraba tan cruda con su realidad. Dejó la copa sobre la mesada y comenzó a apagar las luces de la casa, recién comenzaba abril y el frío ya se hacía sentir. Le pareció escuchar un ruido afuera y agudizó el oído: solo su respiración. Tomó un libro de la biblioteca al azar y con pasos monótonos se dirigió a su dormitorio. Se fue despojando de a poco de sus ropas, dejó caer su cabello del broche, cepilló sus dientes y se metió a la cama. Intentó leer, pero sin lograr concentrarse demasiado... Solo su atención fue captada cuando el protagonista del libro que leía llevó a su mujer a la cama. El hombre del libro desnudaba a aquella mujer con deseo contenido... recorría con sus manos cada tramo de su piel, con su lengua provocaba que ella se arqueara en la cama, buscando rozar su pelvis con la de él. Se sintió rara, cerró el libro y apagó la luz de noche de su velador. Se acomodó en la cama, boca abajo, abrazando por completo su almohada. Pudo percibir su ropa interior húmeda, hacía largos meses que no tenía sexo con nadie. Luego de varias vueltas en la cama, se colocó boca arriba... y comenzó a acariciarse despacio entre sus piernas, gemidos leves al principio, algo intensos después... Se liberó de la ropa que le quedaba y comenzó a acariciar sus pechos suaves, notó la dureza de sus pezones, mojó sus dedos en la boca y se internó muy adentro suyo... El desahogo llegó con un grito algo reprimido. Sintió vergüenza de ella misma... Cerró los ojos y, desnuda como estaba, se durmió.

Marquemos la cancha

Pará que me ato los cordones... ¡Esto se va a poner difícil!... Hace solo un momento me los pisé y todavía puedo sentir el ardor de mis rodillas y codos raspados... y el gusto de la tierra en mi boca. No voy a correr, eso no me llevó a ningún lugar la última vez. No me apures... si me querés acompañar... teneme paciencia. Sé que tal vez te pida mucho, pero es mejor ir marcando la cancha de entrada. Seguro habrá momentos en los que sientas que no lográs entenderme nada... que estoy completamente chapa. Y otros, en cambio, te provoque tal ternura que no puedas hacer más que abrazarme. Suelo tener momentos en los que me aíslo... y me quedo en silencio, pensando en cómo cambiar el mundo... ¡No te atrevas siquiera a insinuarme que no puedo!, a veces es todo lo que necesito para continuar. Algo porfiada y testaruda... eso saca de quicio a cualquiera, pero antes de revolearme algo por la cabeza tenés que saber que, siempre, asumo mis equivocaciones y pido perdón. Me gusta mucho la comida... he comenzado dietas que nunca prosperan más que tres días. Tengo un sentido de justicia tan profundo que hace que no pueda mantener mi boca cerrada, eso nos traerá algunos dolores de cabeza. No tengo hijos... no escribí un libro ni planté un árbol, en cambio, tengo sobrinos hermosos, la casa llena de escritos que pocos leen y el proyecto de plantar un limonero en el patio. Debo confesar que soy algo egoísta: no presto mis libros, son casi como un tesoro. Tengo la piel dibujada con algunos tatuajes...

varios fueron un acto de rebeldía; otros, necesarios. En este inventario agrego que no tengo mascotas y que poseo dos plantas... que a veces... me olvido de regar. Los días de lluvia son los días en los que siento que mi alma se me escapa por la boca y comienza la escritura. Me gusta más el té que el café. Sigo pensando que prefiero más una máquina de escribir que la computadora. Es muy probable que en las madrugadas me despierte no solo del sueño: deberás estar preparada. Quienes han compartido mi cama dicen que no ronco... yo sospecho que babeo la almohada. Dicen las malas lenguas que rompí algunos corazones... omitieron decir las veces que al mío lo cagaron a patadas.

Así que no te apures, como verás, hay mucho que hacer... si todavía querés acompañarme... arremangate, que esto se va a poner difícil...

Nudo

No es un solo nudo en la garganta. O tal vez sí, pero yo lo siento como mil nudos, uno al lado del otro, cerrándole el paso al aire y la saliva. Las palabras quedaron detrás. De este lado quedaste vos mirándome, con ojos de súplica. Y como si no fueran suficiente los nudos, veo cómo mis labios se tensan para finalmente sellarse. ¡Estoy frita! Otra vez mi imposibilidad de hablar... ¡qué locura! ¡Si es tan fácil! Es abrir la boca y largar las palabras. Pero no puedo. Se suma otra cosa al conjunto de impedimentos: el ceño fruncido (muestra de preocupación, de enojo conmigo misma y mi silencio), marcándome la frente con una línea condenatoria. Desde el estómago siento el impulso, me sube al pecho y busca seguir subiendo... pero no encuentra paso. Se instala ahí, en el pecho. A veces suele doler... no es enojo, no es rabia, no es frustración. Es dolor.

Ahora veo como te perdés en la calle, detrás de una esquina. Me viene la lluvia de reproches conmigo misma: ¿Por qué no hablé? ¿Por qué no le pedí que se quedara? ¿Por qué no besé más? ¿Por qué mi abrazo duró tan poco? ¿Por qué?

Giro sobre mis pasos. Otra vez el pasado que pisa el presente... para joder el futuro.

Rodete a las apuradas

Suena el despertador arriba de la mesa de luz y como autómata, estiro mi brazo y lo silencio. Otro día más. Hago un esfuerzo por abrir los ojos... ¡me cuesta tanto despertar! Pego un salto obligado fuera de la cama, mientras comienzo a levantar las persianas para saber cómo está el día afuera. Nublado. Miro el pasto, todavía blanco de la helada caída, y busco ropa abrigada para vestirme. Mi trotecito por la casa se debe a que llego tarde a mi trabajo. “Rodete a las apuradas” se llama este peinado. Me lavo la cara, cepillo mis dientes... (hace un tiempo empecé a usar crema para el rostro). Me miro al espejo, no son arrugas lo que tengo, me digo, son marcas de expresión. Las cuento: tres líneas sobre la frente y una en el entrecejo. Paso abundante crema sobre ese sector y masajeo de forma circular como indica el envase. ¡Ojeras! Con esas no sé qué hacer... Las maquillo un poco para disimularlas, ¡pero las guachas se notan igual! Me descubro una cana en la sien derecha... dos... bueno, ¡tres! Del lado izquierdo parece que se animaron más, conté cinco y ya no quise mirar. Estoy pisando los 40. ¿Qué quería? ¿Permanecer intacta hasta el final? Me levanto el suéter y me miro la panza, tomo aire, lo sostengo... podría ser peor. Tengo que dejar la cerveza. Es una fracción de tiempo donde mi cabeza no para de pensar. ¿Cómo seré de vieja? ¿Seguiré igual de cabrona como hasta ahora? ¿Terminaré mis días con alguien o lo haré sola? ¿Tendré el pelo blanco de canas? ¿Corto o largo? ¿Habré escrito algún libro o seguiré soñando? ¿Habrá alguien que se arrepienta de no haberlo intentado conmigo? ¿Me habré animado a tener una mascota, al fin? ¿Tendré ese limonero en el patio? ¿Cómo se verán mis tatuajes sobre la piel? Imagino... que serán algo así como el mapa de un tesoro que se guardó por mucho tiempo, arrugado y con dobleces. Voy a ser una nona distinta... ¡eso sí! ¿Seguiré teniendo esos pocitos al sonreír? ¿Seguiré sonriendo? ¿Viviré en esta misma casa o me habré mudado a España? (¡No sé por qué tengo tanta conexión con un país que ni conozco!). ¿Los viernes seguirán siendo de pizzas y birras? ¿Laura seguirá sacando su guitarra y convenciéndome de que canto bien? Por fin habré leído todos los libros de la biblioteca?...

El teléfono, desde la cocina, me trae de nuevo.

—¿Venís a laburar hoy, no? —mi compañera desde el otro lado me alerta.

—¡Sí! ¡Ya salgo para allá! —contesto.

(¡¡¡Cómo colgué!!!).

Fue una breve fracción de tiempo en que mi cabeza no dejó de pensar. Leí por ahí que el exceso de futuro provoca ansiedad.

Mirá el quilombo que armé por una cana.. dos, bueno, ¡tres!

Con vos. Conmigo

A MEDIAS, NADA

Ya te dije que no acepto menos, esto que ofrecés no me alcanza. Las medias son para los pies, así que te agradecería la distancia. No es que tenga exigencias ni gustos refinados, simplemente me cansé de los efímeros halagos. Las dos grandes palabras, largadas porque sí, porque el fuego en la entrepierna te las hicieron decir... y después esto, lo ya conocido, el no poder respaldar con hechos lo desmedido.

Debo confesarte que unas cuantas veces me endulzaron el oído, y con el corazón en la mano, salí a la calle sin advertir el peligro. Crucé de vereda sin mirar a los lados, la vista fija en quien me dijo: te amo. Lo seguí sin importar si era noche o día, solo el eco en mi cabeza: para toda la vida. A contramano de la gente que mira desde la acera, hasta que el golpe en la frente me despierta la ceguera.

Y comienzo a ver la realidad, todo lo que ofrezco y lo que da. Entonces reacciono, lloro, me decepciono, pero no lo culpo, él hizo conmigo lo que yo le permití que hiciera. Así que silbando bajito me retiro de escena, intentando no ser conmigo tan severa. Pero a partir de hoy, más cauta, más sabia, tratando de no hacer lo que no me gusta que me hagan.

Por eso es que te vuelvo a recordar que conmigo, a medias, nada. Si no venís a entregar todo por completo, hasta acá llegó la charla. Porque a pesar de todo, aún sigo apostando con el alma, a que el día menos pensado me sorprenda la mañana con la persona más dulce abrazada a mi espalda.

Doble nudo

—¡¡¡Vamos!!! ¡¡¡Arriba!!! ¡¡¡A levantarse!!!

Sol había entrado en la habitación como un tornado, con una sonrisa asquerosamente optimista, abriendo persianas y corriendo cortinas.

Mariana, sin sorpresa, se tapó hasta la cabeza pensando para qué carajos le habrá dado un juego de llaves de su casa. La claridad del día dejaba ver una habitación por demás ordenada. Mariana siempre había sido muy ordenada: el caos... lo llevaba por dentro.

—Dale, negra, levantate. Traje medialunas para el mate —dijo Sol mientras le sacaba todas las frazadas y sábanas de la cama, dejando a Mariana hecha un ovillo, solo con su piyama. Odiaba cuando le hacía eso. La habitación, en segundos, se llenó del perfume de las facturas calentitas.

—Sol, no te enojes, pero no quiero mates ni medialunas, tampoco quiero salir de la cama hoy —se levantó algo fastidiada y agarró las frazadas nuevamente, comenzando a armar la cama.

Sol, parada en el umbral de la puerta, la miraba hacer... Se mantuvo en silencio. Cuando finalmente Mariana terminó y estaba por meterse en su refugio de nuevo, ¡Sol volvió a la carga! Esta vez, ni el colchón dejó en su lugar.

—¡Sos una pelotuda! —disparó Mariana con mirada asesina... mientras sus ojos se iban cargando de agua salada. Gruesos gotones empezaron a escaparse mojándole el rostro.

—¿Sabés que sí? ¡Me encanta ser pelotuda! ¡Me apasiona! ¡Vivo practicando en mis ratos libres como ser más y mejor pelotuda! En algo nos parecemos, ¿no? ¡Por eso somos amigas!

Mariana se sentó en la cama dejando caer los brazos a los costados de su cuerpo. Su cara estaba cubierta de lágrimas.

—No puedo más —dijo con un hilo de voz—. No puedo más —volvió a repetir.

—Ya lo sé —respondió Sol mientras abría el placard y comenzaba a sacar una muda de ropa para vestir a Mariana—. Por eso estoy acá. Pero no voy a quedarme al lado tuyo llorando con vos, no vine a eso. Tal vez estés esperando que de mi boca salgan las palabras que vos necesitás escuchar, pero no. Él decidió irse. ¡Sí! ¡Ya sé! Hubieses preferido que no fuera de esa forma. Hubieses querido respuestas, ¡pero no las hay! Lamento ser yo la que tenga que decírtelo. ¡No te quería! ¡Porque quien te quiere jamás te hubiese lastimado así! ¡Él sí es un pelotudo! ¡Pero me importa un carajo él! ¡Me importás vos! Así que entenderás que de acá no me voy sin vos... ¡afuera hay vida, nena!

Sol comenzó a vestir a Mariana como si fuese una nena pequeña. Al atar los cordones de sus zapatillas, no pudo menos que sonreír al recordar que también lo hacía cuando iban juntas a la escuela. En los recreos, Mariana, con sus colitas a ambos lados y su guardapolvo inmaculado con tablas, le ponía el pie por delante a Sol (casi como una obligatoriedad).

—Si me los piso, me caigo —le decía argumentando.

Y Sol, le hacía un doble nudo para que no se le volviesen a desatar.

—¡Listo! ¡Ya estás lista! Afuera está re lindo, ¡no sabés! ¡Lavate la cara y vamos!

Sol metió en una canasta el mate y las medialunas.

—¡Nos vamos de pic-nic! —decretó.

Al salir a la calle, un viento frío de invierno las recibió. Sol, se aferró del brazo de su amiga y le dijo con una sonrisa:

—Te dije que sin vos, yo de acá no me iba.

TUS LIBROS DEL SUELO

—¿Podés juntar tus libros del suelo y ponerlos donde van?

La miro con fastidio ignorarme sentada en la computadora, despeinada, con sus anteojos para leer y sus ganas de crear, como me dice siempre.

—¡¡¡Amor!!! Te digo en serio, ¡¿podés juntar tus libros?!

Desde la habitación hasta el living recojo a diario sus olvidos descuidados.

Levanta su mano y me dice:

—Dame cinco y lo termino...

Ni siquiera me mira. Ya la conozco, cuando se siente inspirada a escribir, dice que no puede cortar... tiene que terminarlo, lo que sea, lo que escriba... pero terminar. Domingo en casa... hoy ninguna de las dos trabaja. Voy hasta la cocina con ganas de un café con leche y mi descontento aumenta: ¡anoche le tocaba lavar los platos a ella! Se me empieza a transformar la cara, la heladera y los cajones se empiezan a cerrar cada vez más fuerte... ¿y ella? ¡Inmutable!

¡Me imagino que no pensará que yo voy a cocinar de nuevo! Abstraída la veo achinar los ojos y acercar su cara al monitor, creo que pronto necesitará una consulta con el oculista. Hace movimientos de cabeza como dudando de lo que escribe, apoya los codos sobre el escritorio, se toma la barbilla, frunce el ceño y vuelve a la carga en el teclado. ¡Dios! ¡Qué mujer! ¡A veces la comería a besos, otras la mandaría al Congo Belga con una estampilla en el traste! Suspiro mientras abro las ventanas de la cocina para que entre aire.

—Anoche llamó mi vieja para invitarnos a pasar el 31 con ella...

—Ajá...

—¡Ajá, qué! ¿Querés ir o no?

—¡Listo! ¡Terminé! —dice— y se levanta de la silla sonriente.

La asesino en 3, 2, 1...

Llega a mi lado y me estampa un beso en los labios.

—¡Buen día, mi amor! ¡Buen día! ¡Qué hermosa te ponés chinchuda!

Comienza la lluvia de besos y mi mal humor se va disipando con cada uno de sus mimos... ¡¡¡Compradora!!

—¡Obvio que vamos a ir a lo de tu vieja! ¡Claro que sí! Mirá, yo podría preparar fiambre primavera que me sale bastante bien, solo debo practicar el tema del grosor de los panqueques... y solucionar lo del olor que dejo cuando cocino, ¡que sé que no te gusta! Ehhh... y también, ¿sabés qué? Podríamos llevar ese vinito que le gusta a tu mamá... Yo me encargo de ir al supermercado a hacer las compras... ¡Esa es otra cosa que no te gusta! —sonríe de nuevo. Otro beso—. Yo... me puedo poner el vestido que me regalaste para Navidad, y vos... ¿qué decís de ese con flores que te compraste hace unos meses? ¿El que me gusta tanto como te queda? —continúa mientras comienza a lavar los platos de la cena.

La miro hacer... Hace solo un rato la quería matar... Me siento afortunada de tenerla. De que comparta su vida conmigo, de tener su amor. La abrazo por la espalda y pregunto:

—Amor... ¿qué te gustaría almorzar hoy?

Cicatrices

—¿Y esta?

Su dedo recorría suave una de mis cicatrices... Había algunas que ni sabía que las tenía.

—Esa me la hizo una mujer... la amé mucho... pero eso fue hace tiempo.

Ese domingo no habíamos querido salir de la cama y ella se empeñaba en conocerme un poco más. Afuera la lluvia castigaba la ventana.

—¿Y esta? Esta es grande... ¿quién te hizo esta?

La miraba de cerca y pasaba su mano suave por la extensa marca en mi piel.

—Esa..., esa la conseguí el día que mi padre nos abandonó a mis hermanos y a mí. Su ausencia, su silencio... Lo que nos faltó de él la provocaron.

Frunció el ceño con un dejo de enojo.

—¡Un cobarde! —dijo.

—Un cobarde... —asentí.

Quedó como pensativa unos segundos y agregó:

—¿Y esta que todavía no cierra..? ¿Esta que está a tu costado?

Todavía se podía ver un hilo de sangre en ella...

Aunque lo intenté, sentí cómo el nudo en mi garganta se hacía más grande, y se me alborotaban los ojos repletos de lágrimas...

—Esa la tengo desde el día en que uno de mis hermanos decidió partir.

Y ya no pude contenerlas y me permití llorar delante de ella.

Me abrazó en silencio.

Con sus manos comenzó a secar mis lágrimas... Con su boca besaba mis ojos.

Me acurruqué entre sus brazos... Afuera seguía la lluvia.

Fiebre

A ver, abrí grande la boca... ¡¡¡más!!! Un poquito más, mmm, sí... se nota que están las amígdalas enrojecidas (esa noche la habías pasado inquieta, lo pude sentir). Cuando amaneció y tus besos no fueron mi despertar de cada día, intenté ser yo la que te despierte, me bastó rozar con mi boca tu frente para darme cuenta de que tenías fiebre.

—¡Cuarenta grados de temperatura tenés, amor!

Te acurrucaste entre las frazadas con un quejido, y yo te pensé frágil por un momento.

Afuera, un viento helado sacudía los árboles con violencia.

—Amor, no te levantes, quedate en la cama, voy hasta la farmacia.

Me puse mi campera más abrigada, bufanda, guantes y gorrito completaron el vestuario.

Salí a la calle y el viento frío me obligó a entrecerrar los ojos. Lagrimeando, caminé las tres cuadras que me separaban de la farmacia más cercana.

—Algo para la fiebre —pedí.

Apuré el paso y me detuve en la verdulería, compré algunas cosas y retomé el regreso lo más rápido posible.

Cuando llegué, te encontré en la misma posición, solo que hecha un bollito. Apoyé el vaso con agua en la mesita de luz.

—Mi amor, tomá esto, es para la fiebre.

Te incorporaste con dificultad, te puse la pastilla en la boca y diste pequeños sorbos al vaso, para luego volver a hundirte en la cama.

Paso mi mano por tu pelo, cómo explicarte que me provoca ternura verte así, tan débil, tan frágil... Vos, que sos la persona más independiente que conozco. Permitime hoy ser yo quien cuide de vos. Sí, ya sé, sos fuerte y segura, decidida, pero estás enferma y eso me permite traspasar algunos límites.

Te doy un beso en la frente y salgo de la habitación, no sin antes observarte otro ratito desde la puerta.

Me propuse hacerte una sopa, de las que hacía mi abuela, esas que curaban cualquier enfermedad o pena. ¡Todo un desafío! Hace más o menos cuatro meses que la cocina te pertenece... y yo, en un acuerdo silencioso, permito que así sea.

Comienzo a cortar las verduras en silencio, no quiero que despiertes.

Permitime hoy ser yo quien cuide de vos.

Es probable que vos también estés cansado

Es probable que vos también estés cansado, te veo cruzar la puerta luego de la jornada laboral y lo puedo ver en tu andar de hombros caídos y espalda curva. Comenzás a lavarte las manos en la pileta de la cocina, para luego dejarte caer en una silla con un quejido de dolor... ¡otra vez tu cintura! Abro los cajones de la alacena y entre jarabe para la tos de los nenes y las anticonceptivas que ya no tomo, te ofrezco algo para aliviarlo. Preguntás qué hay para cenar y te cuento que metí carne al horno con papas.

—¿Le falta mucho? —indagás ansioso.

—Un ratito y ya casi está —respondo.

Comienzo a contarte que tenemos reunión de padres en el jardín de Valentín... y que Franco necesita urgente una consulta con el odontólogo (los dientes de arriba le están saliendo chuecos). Apoyás los codos en la mesa y dejás caer la cabeza entre tus manos, te escucho bostezar fuerte y me apuro a poner los platos. Valentín grita desde el baño que no hay toalla. De camino al baño, en el pasillo, me lo encuentro a Franco que con sus ojos me dice que le pasó de nuevo. Con esos mismos ojos me pide que no le cuente a su papá. Mientras cambio a Franco y espero que Valentín salga de la ducha, me acuerdo de que mañana tengo que ir a pagar la factura de la luz, sino la van a cortar. Ya en la mesa, todos, la cena transcurre en un rutinario silencio, interrumpido de a ratos por las peleas de los más pequeños:

—¡Andá, qué vas a saber vos de meter goles, meón! —levanta la voz Valentín.

Franco baja la cabeza avergonzado.

—Sí que sé —murmura despacito mirándote a vos de reojo, que estás atento al noticiero y al precio del dólar. Deslizás un "buen provecho"... y te veo desaparecer, mientras escucho tus pasos alejarse hacia la habitación. Comienzo a juntar la mesa y a lavar los platos, mientras los nenes preparan su mochila para mañana. Me hago un té de manzanilla, dicen que sirve para tener un buen descanso. No estoy durmiendo bien últimamente. Me siento a la mesa con el té y me pregunto: ¿cuándo fue que pasó esto? Esto... de apagarnos. Esto... de todos los días exactamente iguales. La rutina nos desacomodó los sueños... Yo me di cuenta hace rato. Comienzo a dejar la casa a oscuras, los nenes ya se acostaron.

Necesito que reacciones... ¡que reaccionemos! Todavía se puede hacer algo!

Enciendo la ducha y hoy, solo quiero quedarme bajo el agua... hasta que deje de salir calentita.

La musiquita

¿Escuchás la musiquita? Es la que traen tus pasos cuando te acercás. ¡Sos música en estado puro! Sos la mano en la espalda que me alienta y me dice que por acá es, que voy bien así. Sos el buen día más hermoso que pude escuchar. ¡Quedate un ratito más! ¿A dónde vas con tanto apuro? ¿No ves la sonrisa que me provocás? Se me hace agua la boca de solo presentirte cerca. Todos mis sentidos se alertan cuando, sin permiso alguno, me acomodás el pelo que cae sobre la cara, detrás de la oreja. Me basta verte un ratito, para que te me quedes dando vueltas todo el día en la cabeza. Te atesoro, como si fueras el regalo más hermoso que pudieron abrir mis manos. Te guardo. Te guardo para luego, para cuando la vida se pone brava y yo necesito un freno.

¿Escuchaste hablar de la gente necesaria? ¡Vos sos una!... mezclada entre el montón.

Hoy no puedo faltar

Hoy no puedo faltar, disculpame, mi amor, pero hoy al trabajo tengo que ir... Eso de "contigo, pan y cebolla" suena hermoso, pero pongamos los pies sobre la tierra. (Aunque sea lo más maravilloso del mundo estar en el aire con vos).

Te miro dormir y te juro que me quedaría abrazada a vos, pero hay obligaciones.

Me visto despacito para no hacer ruido, no quiero despertarte. (Me falta mi corpiño... ¿dónde lo dejé?), te movés y yo me quedo quieta, tu respiración vuelve a ser la del sueño.

¡Acá está! ¡Menos mal! La última vez, por no despertarte, me fui sin medias.

¡Mis zapatos! ¡Listo! ¡Los tengo! En puntitas de pie salgo por la puerta entreabierta de nuestra habitación. ¿Dije nuestra? Sí, así es, desde hace casi dos meses, nuestra.

Pongo la pava para unos amargos (hasta eso me pegaste) como tu gusto por los libros.

Salgo al balcón con un mate (necesito el aire más fresco de la mañana para terminar de despertar).

¡¡¡Me hacés tan feliz!!!, me confieso..., aunque da un poco de miedo sentir tanto en tan poco tiempo, pero sí, acá en tu balcón (ahora nuestro), me confieso mientras vos dormís. Cuidame, mi amor. Cuidame mucho, porque tenés mi vida entre tus manos.

Te escribo una nota algo apurada, la dejo sobre la mesa, para cuando despiertes.

"Amor: me fui a trabajar, son apenas unas horas, vuelvo pronto. Te toca cocinar hoy. No me extrañes tanto".

Tomo mis llaves y salgo a la calle con una sonrisa, la que llevan los enamorados... esa, que les queda tan bien.

LEVANTAME LA PENITENCIA

Levantame la penitencia, sacame del rincón... prometo no volver a hacer eso que te hizo mal. Habilitame una chance más para demostrarte que puedo. Que esta vez no abandono. Desarmá ese bolso que hace que viva nómade de un lado a otro. Enseñame a quedarme. Sé que puedo aprender. Ya no me quiero ir. Vengo de algún sitio que ya ni recuerdo... pero al que no quiero volver. Vengo con los zapatos gastados y con algo de barro. Afuera me los quito, voy a entrar descalza. Vengo algo agotada por tanto viaje, tal vez... me siente en esa silla. ¿Tomamos unos mates? ¡Amargos, sí! Mientras vos ponés la pava al fuego... te miro hacer. Encendiste sahumerios, ¡es una señal! La casa huele a canela y entra luz por las ventanas. Tus manos me alcanzan un mate. Mientras lo tomo, me llegan los ruidos de tu calle. Las risas de los pibes que juegan a la pelota, los autos que pasan. La gente que pasa. Te sentás frente a mí en la mesa... tu mano toma la mía con dulzura...

Desatame las manos, rompé eso nudos... que quiero quedarme.

Tanto

No aguantaste tanto cariño de una... no estabas preparada. Yo venía de desiertos tan áridos que al encontrarte intenté ser mar. Sin querer, te ahogué... Sin querer, mis ansias de dar te asustaron. ¡Me di cuenta! Intenté dosificar el mar bravo de altas olas, pero ya estabas sumergida en él.

¡Tarde!

Ahora busco poner freno... y desde hace unos días te noto extraviada, intento casi con desesperación que vuelvas a ser la misma que conocí, pero parece que el agua se llevó algunas cosas a su paso. Te veo deambular en silencio, lejos de donde estoy. Lejos de donde estamos.

¡Tarde!

Hace tan solo un rato me dijiste: esto no es lo que quiero, intereses diferentes, creo. Y otra vez el silencio. Y otra vez, de rodillas sacando el agua. Como después de una inundación: charcos por toda la casa. Ropa, papeles, muebles, todo lo camino descalza. Arremangué mis pantalones y me senté en la cama.

No aguantaste tanto cariño de una... no estabas preparada.

Tu silencio

Tu silencio que hace ruido.
Y yo, tan ciega, que no lo escuché.

Pasar en limpio

Dejame que pase todo esto en limpio, venimos así: una de cal, una de arena. Y siéndote sincera, esto... me desconcierta, por momentos. A veces pienso que hablamos tanto, que nos perdemos en eso. Y vos lo dijiste bien el otro día, (mientras yo intentaba no achinar tanto los ojos para ver el eclipse). "No hacen falta reconciliaciones, si los dos sabemos cómo hacernos bien". Y yo, que soy distinta a vos, que durante mucho tiempo pensé que las reconciliaciones estaban buenas, dudé. Me quedó haciendo ruido la cabeza durante toda esa tarde. ¿Y sabés qué?, tenés razón. No sirve de mucho después venir y decir: "lo siento, lo dije en caliente, lo hice desde el enojo, fue un impulso". No sirve intentar poner caricias y besos donde dolió. Abusamos de la palabra mágica que nos absuelve. La usamos tanto que pierde su valor. Nuestro interior queda dañado, marcado, por más que después lleguen los paños fríos.

Paso en limpio y entiendo, entonces, que ambos queremos sumar. En esta vida nos encontramos para aprender el uno del otro. Hoy, me enseñaste algo a mí. Hoy, hice silencio y escuché atenta. No quiero reconciliaciones, yo sé cómo hacerte bien. Y en eso estoy... uniendo lo bueno y lo malo, una de cal y una de arena, creando una mezcla homogénea, para el futuro juntos que queremos construir.

El deseo

De repente, la lluvia

De repente, me llovieron las ganas, como después de un año sin lluvia. Se partían mis labios por la sequía de besos..., se agrietaba la piel a la espera de caricias. Por momentos, la mirada al cielo suplicando agua..., por momentos, el paso resignado de quien se conforma con lo seco del suelo que pisa. Como en un sueño continuo del que se quiere y no se puede despertar. Y sin esperarlo, una nube grande se acerca de improviso, me tapa el sol y comienza el viento, así, de la nada. ¡Parece que el cielo fuera a caerse! Y comienza a llover..., la primer gota me nutre, la recibo en la frente, casi como una bendición..., el resto moja intermitente. Resuena un trueno y comienza la tormenta de verano.

De repente, me llovieron las ganas.

Detrás de la puerta

—Habitación dieciséis —nos dice el conserje.

¡Dios! Me aguanto las ganas en el ascensor porque una vez me dijiste que hay cámaras... no me alejo, me quedo cerquita tuyo... percibiendo el calor de tu cuerpo.

Cerramos la puerta de la habitación y hay un mundo distinto dentro..., ahora sí, ¡sos mía!, sin la mirada de esos ojos que tanto te lastiman.

Mi boca te busca ansiosa... caliente. Me pierdo en tu cuello, te susurro al oído cuánto te extrañé. Quisiera darte en cada beso la valentía de aceptarte tal cual sos, de que no lo sufras.

Mis manos no pueden parar de moverse, te acaricio, te toco, te siento. Te quito la blusa por la espalda y la dejo caer..., acaricio tus hombros y los beso.

Tomo tu mano y la guío para que sientas mi humedad. No pido permiso (demasiado correctas somos ante los demás), hoy dejame que me pierda... ¡perdete conmigo! A besos te llevo a la cama, trepo a tu cintura, y desde esa altura observo: me gusta todo lo que veo, todo lo que toco, todo lo que amo. Dejemos el ruido de esa gente que no entiende..., y nunca lo va a hacer.

No tomes atajos, sentite libre, por lo menos hoy, de hacer lo que realmente deseás.

Ya no hay ropa que estorbe.

¡Tu piel y la mía rozándose...! ¡Que nadie se atreva a interrumpir este momento!

Aún sabiendo que al salir seremos las amigas de siempre, es lo mejor, me dijiste.

Insomnio

Despertó agitada en mitad de la noche, notaba su pulso acelerado y un fuego algo extraño en su pelvis. ¿Qué era lo que había soñado? Tenía la sensación de que era importante, de esos sueños en donde no se quiere despertar, y si lo hacés... uno busca dormirse nuevamente para seguirlo. ¡Imposible! Luego de varios intentos, notó con fastidio que el insomnio había llegado. Se sacó de encima el brazo de Alejandro que, con el calor que hacía en esa noche de enero, todavía se empecinaba en dormir cucharita. No pudo recordar, por más esfuerzos que hizo. Los resoplidos comenzaron a salir, en un par de horas se tenía que levantar y la esperaba un día bastante largo en el hospital. Le tocaba guardia de 24 horas. Alejandro comenzó a roncar... ¡lo que le faltaba!

—Ale, shhh... Estás roncando —le dijo despacito.

Alejandro se dio vuelta (¡por fin!). Doce años llevaban juntos y todavía había cosas a las que ella no se acostumbraba. Por ejemplo, a sus ronquidos.

Después de dar vueltas en la cama un rato y notar la incomodidad de Alejandro con cada uno de sus movimientos, decidió levantarse. Una ducha y una buena taza de café era todo lo que necesitaba.

Mientras se quitaba la ropa y se metía a la ducha volvía a buscar en su cabeza algún recuerdo de aquel sueño. Solo tenía una certeza: lo que soñó... le había gustado.

Luego del café y de acomodar su maletín de trabajo

le estampó un beso en los labios a su marido, que aún dormía.

—Chau, vida, me voy trabajar...

—...

Al llegar al hospital confirmó sus sospechas (guardia llena, día largo).

—Buenos días...

—Buenos días, doctora, creo que va a estar algo ocupada hoy... —le dijo Mariana, la administrativa, con una sonrisa.

Le devolvió la sonrisa.

—Así parece —contestó. Y sin decir más, entró a su consultorio algo turbada.

Mientras se quitaba la ropa para vestirse con su ambo escuchó el ruido de la puerta abrirse.

—Doctora, le dejo las historias clínicas sobre su escritorio...

Y de inmediato sintió unas manos acariciarla por la espalda, sintió los besos urgentes buscar su boca, sintió su lengua recorrerle el cuello, le escuchó decir: te extrañé tanto, y otra vez el fuego en su pelvis y otra vez lo embriagante del contacto con su piel... Ahora sí, ahora recordaba todo: había soñado con ella..., con la mujer que hacía más de un año amaba en secreto.

Lo mejor

La empujé hacia el porche oscuro de una casa vecina, mi cuerpo buscó de inmediato ponerla contra la pared. Sus dedos recorrían con desesperación mi boca, se metieron dentro. Empecé a chupar su mano con deseo hasta que pude tener su boca. Su lengua se unió a la mía provocando humedad en cada rincón de mi cuerpo, mientras mordía su cuello escuchaba cómo su voz, algo lejana, repetía que esto era una locura. Yo, en cambio, disfrutaba verla perdida, disfrutaba verla pidiéndome por favor que no lo hiciera cuando, sin reparo alguno, me arrodillé frente a ella, subí su falda y me interné entre sus piernas. Podía sentir sus dedos hundirse en mi nuca, guiarme. Solo quedábamos inmóviles cuando las luces de algún auto nos indicaban que alguien se acercaba... para luego volver a las respiraciones agitadas y a las quejas contenidas. El deseo ya no se podía frenar. La hice girar sobre sí mirando la pared, besando su cuello. Mis dedos se metieron adentro suyo, provocando su completa perdición. Mordió mi otra mano para ahogar el grito. La calma llegó. Me besó en los labios muy suave y la vi perderse en la noche sin más.

Fue la última vez que la vi. Supe que tuvo otro hijo y sigue con su esposo, como era de esperar.

Hoy por la mañana, mientras miraba zapatos en una vidriera, escuché a un nene gritar: ¡¡¡Mamá!!!! Giré la cabeza y la vi ahí parada, con bolsas del super en cada mano y uno de sus hijos detrás; más allá su marido hablaba con alguien. Levantó su mirada y me vio, fue solo una mínima fracción de tiempo, pero eso le bastó: con los ojos me pidió perdón. Perdón por no animarse, perdón por el temor. Con una sonrisa le dije que no pasaba nada, que yo entendía que eso había sido lo mejor.

Como aquella noche, la vi alejarse nuevamente... pero ya no había dolor. Entré a la tienda y me apoyé en el mostrador:

—Los tacos negros de la vidriera... ¿los tendrá en 37, por favor?

Encuentros

Me miró (la comehombres)

La veía todas las mañanas cada vez que entraba al café. Ella se sentaba en la misma mesa... pedía lo mismo de siempre –cortado con leche– mientras leía el diario.

Yo venía casi siempre antes de la facu, miraba a don Jorge, que estaba acodado detrás de la barra..., y le pedía lo mío (él ya sabía que eso significaba un café con leche grande en taza y cuatro medialunas saladas). Me gustaba el barcito. De sus paredes colgaban cuadros amarillentos que indicaban la antigüedad del lugar. Las mesas siempre estaban llenas y uno podía ser, casi indirectamente, partícipe de todas las charlas: política, arte, fútbol, la plata que no alcanza para llegar a fin de mes, el levante de alguno... infinidad de temas.

Mi paso todas las mañanas por ese lugar tenía una explicación: me costaba levantarme temprano, siempre lo hacía sobre la hora, lo que me obligaba luego a desayunar en el camino, si el tiempo me lo permitía. Y así fue que la comencé a ver.

Al principio, una integrante más del lugar. Se comentaba –así lo había oído desde la mesa de los machitos– que no había dejado títere con cabeza, que aunque los cuarenta y tantos la habían alcanzado, seguía manteniendo la belleza de los veinte, que seguía solterona.

—Yo pasé por ahí también —dijo el pelado de la mesa y estallaron en carcajadas todos. (Las ganas tenés, ¡boludo!, pensé yo).

Me dediqué a observarla un rato y enseguida estuve de acuerdo en algo con el pelado y sus amigos: era hermosa. Lo que más me llamaba la atención eran sus ojos... su mirada.. desafiante y altanera, como si tal vez hubiese escuchado los rumores del montón... Su boca seductora, impulsando el humo del cigarrillo que acaba de encender. Su pelo largo apenas recogido, dejando caer mechones que acomoda detrás de su oreja. Aparta el diario, con un movimiento suave se quita los anteojos, otro suspiro de humo al aire, y mi cabeza que se apoya en mi mano para darme mayor comodidad en la apreciación..., por un segundo, ¡me doy cuenta! ¡¡¡Ya me parezco a los babosos de al lado!!! Tomo mi libro de literatura e intento dar un breve repaso, lo acomodo a la altura de la vista para obligarme a no mirarla. No me puedo concentrar, por encima del libro la miro de nuevo; se prepara, parece, para irse. Deja dinero sobre la mesa, toma su cartera y el ruido de sus tacos se va apagando al llegar a la salida.

La pensé todo el día.

Al día siguiente ni bien entré al bar la busqué con la mirada, ¡ya estaba ahí! Tomando de a sorbos su café..., pasé cerca de su mesa y deslicé un tímido "buen día"...

—Buen día... —respondió levantando la mirada hacia mí, regalándome una sonrisa (y sentí como si de repente me temblaran las piernas). Continué mi camino hasta una mesa y le hice señas a Jorge, acomodé mis libros y me senté. Confieso que me asusté un poco. Durante el tiempo que me llevó tomar mi café y comerme una medialuna (de las cuatro de siempre) no levanté los ojos del libro. Mi retirada fue casi una huída. Al pasar junto a su mesa dijo:

—Hasta pronto...

(Ni siquiera recuerdo si contesté).

Al fin y al cabo, dicen que es una comehombres... y yo solo soy una mujer.

La barra

—¡Mirala! ¿No es hermosa?

Largué un suspiro al aire. Romina me miró con cara de fastidio mientras repasaba la barra y acomodaba las copas que le iba pasando.

—Ya te dije, corazoncito, ¡que ahí no...! ¡Mirá para otro lado! Está lleno el lugar de chicas lindas; además, ¡te dije que es hétero! Esos tres pibes que trae siempre son los hijos... ¡Medio bife te voy a meter así reaccionás! Después venís llorando y soy yo la que te aguanto, ¡eh!

—Bueno, perdón —le hice un falso puchero y le estampé un beso en la mejilla. Romi hizo una sonrisa de comprensión.

—Vení, boluda... Vení que te abrazo... Es solo que no quiero verte sufrir más, ¿me entendés? —. Me estrujó entre sus brazos—. No es por nada, pero siempre elegís mal, ¡cabeza hueca!

—¡¿Y tiene marido?! —pregunté.

Romi me soltó molesta.

—¡¿Qué te acabo de decir, porfiada...?! —se puso a repasar la barra de nuevo mientras sacudía la cabeza de un lado a otro—. Odio que seas tan porfiada, ¡¡¡taurina!!! Se te mete algo en la cabeza y no hay quien te lo saque.

—Bueno... igual te voy a contradecir un poco con eso de que siempre elijo mal... Uno no elige de quien se enamora, uno siente o no... Ojalá se pudiese elegir en el amor, ¡creeme que sería más fácil!

—No me hablés de amor, ¡porque no estás enamorada de ella! ¡Ni la conocés! Solo la ves cada vez que viene, ¡y ni siquiera la atendés siempre vos! Te gusta... ¡eso sí! Ponele que te caliente porque la mina está buena y hasta yo, que no soy lesbiana, puedo reconocer que es hermosa... Pero solo eso... ¿entendés la diferencia?

—Obvio que la entiendo.

Romi comenzó a preparar en la bandeja el pedido de la mesa de ella. Cuando terminó de acomodar todo, me miró.

—...

—¡Tomá, pesada! ¡Llevalo vos! ¡Si te morís por ir!

Le sonreí agradecida.

Corrí hasta el vestidor, abrí mi bolso, me puse perfume, acomodé mi pelo en una cola alta, me miré en el espejo una última vez y volví al salón con los nervios que siempre me producían verla. Tomé la bandeja y la coloqué en la palma de mi mano. Romina me miraba resignada, como sabiendo de sobra cómo iba a terminar todo. Caminé los quince pasos que me separaban de la barra hasta su mesa... los conté. (Diosito, que no se me caiga la bandeja... que no se me caiga la bandeja...).

—Buenas noches, su pedido.

Les sonreí a los cuatro en general, no quería que se me notara nada. Pude ver que devolvió a mi sonrisa otra igual.

—Tres exprimidos de naranja... tres tostados... y una lágrima.

Fui dejando todo sobre la mesa, mientras ella le pedía al más pequeño que por favor comiera con la boca cerrada.

—Bueno, que los disfruten... permiso.

Esta vez sí la sonrisa fue solo para ella. La noté algo turbada cuando sus ojos se encontraron con los míos, podría asegurar que estaba nerviosa.

Cuando comencé a volver hacia la barra, Romi me estaba mirando, me hizo un gesto indagando cómo me había ido, y con otro gesto le indiqué que ni fu ni fa.

—¿¿¿Yyy??? ¿¿¿Qué pasó??? —preguntó Romi ansiosa.

—Nada, ¿qué querés que pase? Le dejé el pedido, la noté nerviosa..., eso sí, como avergonzada...

—¡Y sí! ¡Más vale! ¡Seguro que se dio cuenta de cómo la mirás! No es por nada, ¡pero a veces te sarpás mirando!

—Sí, puede que tengas razón.

Odiaba darle la razón a Romi, pero era cierto que desde la noche que la vi entrar... yo no podía dejar de mirarla, había días en que me proponía no hacerlo, y trataba de mantenerme ocupada detrás de la barra, repasaba copas ya limpias, acomodaba botellas, recargaba heladeras, pero aún así encontraba el momento para el cuelgue.

Morocha, pelo lacio, algo más baja que yo... Siempre muy formal al vestir, cero tacos (eso me llamó la atención), siempre con carpetas y libros, profe de literatura, me dijo Romi. Mirada profunda con ojos bien negros..., se escapa a fumar muy rara vez, por eso creo que no tiene el vicio o es fumadora social, como se dice. Y el resto es pura atracción, no sé qué me pasa.

—Mirame —me dijo Romi— ¡Ahí vas de nuevo! ¡Derechito al mismo lugar de siempre! ¡Dejate de joder con esa mujer! Es hétero, tiene tres hijos, y un señor exmarido reciente, ¿sabés a lo que me refiero? Te vas a dar la cabeza contra la pared..., después no vengas conque no te avisé.

Romi pegó media vuelta y se perdió en la cocina.

Levanté la mirada hacia el salón y ella me hizo un gesto en el aire pidiendo la cuenta. Me acerqué y le entregué el ticket, pude ver cómo levantó su mirada hacia mí nerviosa...

—Quedate con el cambio —me dijo.

Desde la barra comencé a ver que se preparaba a irse. El más chiquito de sus hijos hacia berrinches y amé verla agacharse hasta la altura de él para abrazarlo y convercerlo diciéndole algo al oído. La vi perderse en la noche.

Fui a juntar su mesa... y volví a la barra con una sonrisa. Romi me miraba desconfiada.

—¿Qué hiciste? —preguntó levantando una ceja.

—Nada... solo le dejé mi número escrito en el ticket, nada grave.

Los ojos de Romi se agrandaron con ganas de escaparse de sus órbitas.

—Te voy a m...

—Se lo llevó, Romi —la interrumpí—. ¡¡¡Se llevó el ticket!!!

Romi se mordió el labio inferior con fastidio.

—No quiero escucharte decir que no te avisé —me dijo y salió refunfuñando a atender otra mesa.

A MANO

Me abrí paso con los codos entre la multitud de gente que atestaba el subte ese mediodía. Buenos Aires había amanecido con su humedad de siempre, y sentir la piel pegoteada me empezaba a molestar. El clima del interior de la provincia me tenía mal acostumbrada. Por suerte, había googleado el pronóstico el día anterior y en base a eso, me vestí. Elegí un jean viejo, roto en las rodillas, una remera negra (creo que porque dicen que el negro te hace ver más delgada... y el invierno me ha dejado unos kilos de más que intento disimular), unas zapatillas de un color azul gastado y la campera de cuero (¡negra!), que va a todos lados conmigo. Llevo mi mochila puesta hacia adelante por miedo de que me roben... la tele a veces asusta. Coloco la Sube y encaro a pasar el molinete (no se mueve), vuelvo a poner la tarjeta, una vez más me pasa lo mismo. Busco ayuda con la mirada, el pibe de al lado se apiada y me dice:

—Ahí no va la tarjeta, apoyala más abajo.

Siento vergüenza y me pongo colorada... (siempre lo hago), le agradezco. Menos mal que acá no me conoce nadie, (¡paisana!, pienso). Una vez que logro salir de la estación recuerdo lo que me dijiste: caminá tres cuadras y nos encontramos en la confitería que está en una esquina. Por momentos siento temor de perderme, pero empiezo a caminar con una seguridad disfrazada, una que me convence de que todo va a estar bien. No fue difícil llegar al lugar, lo encontré enseguida. Elegí una mesa en la planta alta, la misma en que nos vimos la vez anterior. Miré por décima vez el teléfono esperando tu mensaje... (nada). Intenté calmar mi ansiedad abriendo el libro que te traje de regalo. Eso me sirvió solo un rato. El mozo que se acercó a atenderme comenzó a contarme sobre un menú ejecutivo que no alcancé a escuchar; no sé por qué, pero tengo un presentimiento que me retuerce las tripas. No lo puedo seguir, solo veo cómo se le mueven los labios. Me mira, esperando.

—Un tostado y una pinta —atino a decir.

Lo veo alejarse entre las mesas, yo vuelvo a la carga con el libro.

Otra vez esa sensación fea en la panza.

Miro por la ventana y veo el cielo con ganas de caerse a pedazos. Las mismas ganas tengo yo.

Vibra el teléfono cerca de mi mano, lo tomo con miedo, pero en el fondo sé qué es lo que me vas a decir. No vas a venir. Y ya no quiero sacar cuentas de cuántas fueron las veces que no viniste. Llega el pedido a la mesa. Lo primero es lo primero, pienso, y me tomo un trago generoso de cerveza. El tostado raspa como lija mi garganta... es que tengo todas las lágrimas atoradas ahí. Por terca y porfiada me obligo a quedarme un par de horas esperando. No venís.

Ahí voy de nuevo, ¡otra vez con la misma piedra!

Pero mi dignidad tiene un límite, ¡carajo!

Yo valgo, ¡claro que valgo! Te quiero mucho... ¡pero más me quiero yo!

No nos debemos nada, estamos a mano, corazón. ¡Me toca cuidarme! Ponerme en primer lugar esta vez. Te deseo lo mejor.

Pago la cuenta, dejo propina. El libro *Rota se camina igual* de Lorena Pronsky... me lo llevo yo. Creo que me va a hacer más falta que a vos.

Vuelvo a caminar las tres benditas cuadras hasta la estación de trenes, y en un intento de optimismo busco algo que me deje esta historia... Ah, sí, ¡ya sé! ¡Por lo menos ahora sé como pasar la Sube!

Historia en cinco pasos

I

La noche que entré al bar me dije: una cerveza y a casita, mirá que ya no tenés veinte y mañana hay que laburar. No me había planchado el pelo y mucho menos maquillado. Cargaba con esa resignación que hacía tiempo me acompañaba. Casi que terminaba la birra cuando la vi.

Relojeaba desde mi mesa a todos en el bar cuando me encontré con sus ojos: me miraban. Aparté los míos enseguida. ¡No sea cosa que piense cualquiera! Nerviosa, me puse a jugar con la tapita de la botella; hacía garabatos con mis dedos en la mesa. ¿Estaba nerviosa? ¡Qué boluda! En otro tiempo ni en pedo le bajaba la mirada. ¡Qué cagona me he puesto!

Voy de nuevo: primero a todos en el bar... (lo de hacerme la disimulada nunca me salió muy bien) y por último... ¿me está mirando? No, me parece. ¿Mirá que me va a estar mirando a mí? (Autoestima de mierda).

Es que son unos segundos de más donde se sostiene el contacto visual y ahí sabés, ahí te das cuenta, es la señal.

—¿Y si me equivoco y quedo re pintada?

—¡¡¡Ay, pero qué pesada que sos, por Dios!!! ¡Insegura de mierda!

La vi levantarse, dirigirme una última mirada y caminar entre las mesas hacia la salida...

—Hasta el número de documento le hubieses pedido en otro tiempo, ¡¡¡cagona!!!

—Shhh... ¡¡¡Cortala!!! ¡¡¡No es tan fácil!!

Me sudan las manos. La veo pasar frente a mi mesa y me envalentono. Al fin y al cabo, ¿quién es esa voz interna boluda para decirme cagona a mí? ¿A mí, que me jugué mil veces por amor? ¿Qué sabe ella? ¿Cagona me dice? Cuando asumí mis sentimientos... Cuando me paré frente a mi familia y les dije: mamá... papá... ¡me gustan las mujeres! ¿Y esta vocecita maleducada viene a poner en tela de juicio mi valor? ¡No, señores! ¡Esto así no queda!

Me apresuro y antes de que cruce la puerta disparo:

—Disculpame... yo...

—¡Ay, flaca! ¡Menos mal! ¡Pensé que nunca te ibas a animar a hablarme...!

II

Salimos a la calle juntas, me dijo que su casa quedaba cerca, y la seguí. Podía sentir su perfume, caminábamos casi rozando nuestras manos pero en silencio. La miré de reojo (me gustaba), pude ver que era morocha –con la luz del bar eso no se apreciaba– llevaba el pelo recogido y escaso maquillaje. Me miró y ambas sonreímos. Comenzó a buscar algo en su cartera (por favor, que no saque un cigarrillo, pensé). Tomó un manojo de llaves en su mano y la seguí hasta el hall de un departamento. Ni siquiera sabía dónde estaba... (Mirá si la mina esta es como la que salen en los noticieros, esas que te seducen y después te dan algo de tomar y te despertás al otro día sin nada y sin saber qué pasó; por las dudas, si te ofrece algo de tomar, decile que no, que ya tomaste mucho).

Llamó al ascensor, podía ver que era más joven que yo, al menos, eso parecía. Otra vez sus ojos mirándome.

—¿Pasás?

Se apartó un poco de la puerta y me hizo un gesto con los brazos, algo así como una reverencia. Se la notaba tranquila, segura, yo a estas alturas no podía con mis nervios.

Solo unos pasos... ¡y ya estaba dentro!

Cerró la puerta y me abrazó por la espalda (¡Dios! ¡El corazón se me va a salir!).

—Tranquila, shh... Respirá —me dijo... (¡Como si fuera tan fácil controlar lo que sentía!). Apoyó su cuerpo en mi espalda y respiramos juntas.

Estaba segura de lo que generaba y encima se burlaba. (Agrandada, pensé).

Me giró tomándome de la cintura y quedamos de frente... podía sentir su respiración en mis labios...

Y cuando esperaba que me comiera la boca, me sacara la ropa y me llevara a la cama...

...Me besó en la frente. Como si entendiera.

—Te abrazo hasta que despiertes, ¿querés?

Apagó la luz...

...y me quedé.

III

La luz del sol me dio en la cara y desperté. Podía sentir aún su brazo rodeándome... Así había sido toda la noche, lo había prometido.

Podía oírla respirar, de forma profunda y pausada.

Desde la cama observé su habitación. ¿Quién era esa mujer abrazada a mi espalda?

Libros... libros... y más libros... dispersos por doquier, en una pequeña biblioteca, sobre el piso, en su mesa de luz. Una máquina de escribir descansaba sobre un escritorio, su ropa estaba sobre una silla. Se movió, y por primera vez desde que había llegado, me soltó. Me giré en la cama sin animarme a tocarla. Su espalda estaba desnuda, podía ver sus tatuajes: unas alas de ángel algo rotas y cansadas. Me daba ternura verla dormir, no quería despertarla, pero casi sin pensarlo comencé a pasar tímidamente mi dedo índice por su espalda... la sentí despertar.

—Buen día..., ¿cómo amaneciste? —me dijo. (No recordaba la última vez que alguien me había preguntado eso).

—Bastante bien... —contesté.

Sonrió.(¡Qué sonrisa descaradamente hermosa tiene!).

—¿Te quedás y desayunamos juntas?

(Otra vez la sonrisa que desarma y me deja a merced).

—Sí, dale.

Se levantó de la cama y comenzó a vestirse y sentí que ya extrañaba el roce de su piel.

Se recogió el pelo en una cola y la vi perderse en la cocina.

Aproveché y me estiré en la cama... (me quedaban solo dos horas para entrar a trabajar).

—¿Mates o café? —se asomó a la habitación.

—Café —contesté y comencé a vestirme.

Las dos tazas de café humeaban sobre la mesa, había tostadas y mermelada de durazno. Desayunamos casi en silencio... quería preguntar... pero la magia se hubiese roto y yo quería seguir sintiendo esto. (Otro día, pensé).

Miré el reloj. (Ya tenía que ir saliendo o no iba a llegar a la oficina).

Comenzó a juntar la mesa, tomé el último sorbo de café y le acerqué mi taza a la mesada. Mis manos rozaron las suyas... La valentía nunca fue lo mío, pero aún en contra de todos los pronósticos, me acerqué. La besé tímidamente... (sí, señores, ¡la besé yo!). Su boca iba perfecta con la mía... se entendían... La tomé por la cintura y la llevé con mis besos hasta la habitación.

...Esa mañana no fui a trabajar y mi teléfono dio apagado todo el día...

IV

¡Anoche me hice la enojada! ¡No puede ser que un libro me robe tu atención! Te miré sentada desde el sillón, y me pregunté si existe concentración más grande en el mundo que la tuya y tus libros. (Me cruzo de piernas, achino mis ojos, lo pienso... pero no, no la hay).

Hago una tosecita fingida... ¡¡¡Mirame!!! ¡¡¡Estoy acá!!!

Das vuelta otra página y comenzás a hacer ese gesto que me enloquece –te mordés un poquito los labios... los humedecés con tu lengua–... (¡no despiertes mis demonios, mujer!).

Trato de concentrarme en la peli que no miro... Un desafío en mí se despierta. Te acomodás los anteojos... otra página terminada. ¡Y ya no lo soporto!

Me levanto del sillón y recorro los pocos pasos que nos separan. Te saco el libro de las manos. (*¿El amor en los tiempos del cólera*?). Tus anteojos... me siento de frente en tu falda... (te sorprendí, lo puedo sentir) y comienzo a besarte suave esa boca tan provocadora que tenés. Te suelto el pelo, mi respiración se acelera y la tuya también, mis dedos te recorren en caricias, suaves al principio, apretadas después. Te voy desvistiendo con prisa... (mis deseos, a veces, no los controlo), tu lengua enloquece... y yo me entrego.

Otra noche de desvelo..., de esas que acentúan las ojeras más lindas.

V

—Mi amor, hoy me fue re mal en el trabajo, ¡no sabés! Casi te diría que tengo ganas de mandar todo a la mierda.

(Ella me miraba ir y venir por la cocina mientras revolvía algo sobre el fuego... ¿Nuestra cena, tal vez?).

—Ah, y no sabés la administrativa nueva que entró... ¡Ni la compu sabe prender! Un de-sas-tre. ¿Vos podés creer eso?

(Fue repartiendo los platos sobre la mesa de la cocina mientras seguía con mi monólogo).

—...Y como si fuera poco, ¡es muy probable que tengamos que posponer nuestras vacaciones! ¡Se enfermó Lucía!

(Lancé un gruñido de fastidio y recién ahí se acercó).

Me atrajo hacia ella y me abrazó...

—Shhh... tranquila..., respirá conmigo —me dijo. (Sabía que era difícil calmar a la fiera una vez que se había despertado... pero aún así siempre lo intentaba, y lo que es mejor: lo lograba).

Traté de controlarme hundiendo mi cabeza en su cuello... Su perfume me invadió por completo... Respiré.

Soy una loca renegada..., vos, mi descanso. Te apartás solo para buscar el Malbec, llenás dos copas, corrés la silla destinada para mí. Y con un ademán, me invitás a sentarme. Servís la comida en ambos platos y yo te observo enamorada (¿dónde estuviste metida todo este tiempo?, me pregunto). Te sacás el delantal de cocina y ocupás tu lugar en la mesa, tomás tu copa y proponés un brindis.

—Por nosotras...

(Sonreís).

—Por nosotras... —respondo.
Y ya casi ni recuerdo por qué estaba enojada.
Estoy a resguardo... estoy en casa.

Permiso, señora

—Permiso, señora, ¿me puedo sentar...?

Corrí la silla sin arrastrarla, eso me habían enseñado en casa. No sé por qué pensé en ese momento que tenía que caerle bien.

—¿Tomás algo? —me dijo sin mirarme

—No, gracias, así estoy bien —contesté.

—Bueno... Vos dirás... ¿Para qué querías encontrarte conmigo?

Mientras hablaba observé su rostro siempre esquivando mi mirada. Parecía más grande de lo que la imaginé.

Tragué saliva, respiré hondo y comencé:

—Bueno, señora, la verdad es que hace al menos un año que estoy en pareja con su hija...

—Sí, ya me enteré —se la veía molesta.

—Lo que quería decirle es que...

Me interrumpió con un solo movimiento de su mano.

—No sigas... —me dijo. Se hizo un silencio incómodo que solo se interrumpió cuando llegó el mozo a traerle su café.

La miré abrir los sobrecitos de azúcar con las manos temblorosas. Era evidente que le costaba hablar del tema.

Debajo de la mesa mis manos no estaban mejor, había comenzado a hacer sonar mis dedos, como siempre que algo me inquieta. Agaché la cabeza y comencé a mirar mis zapatillas... ¡un cordón desatado!

—Ya hablé un montón de veces con mi hija —su voz

me trajo de nuevo—. ¡Y la realidad es que yo no la crié para esto!

—¿No la crió para que? —contesté.

—¡Para esto!

—¿Para enamorarse de otra mujer...? ¿A eso se refiere?

Se movió incómoda en su silla.

Otra vez el silencio y su mirada que busca escaparse de la mía, encontrando complicidad en la calle, en el ruido de la gente que transita apurada las veredas de esa mañana de abril.

—Mire, señora: antes de venir tenía pensado el discurso que le iba a decir. ¡Es más! Lo venía repitiendo conmigo desde que salí de casa, le agregaba palabras... le sacaba otras... Y la verdad es que ya ni recuerdo cómo era, así que voy a improvisar, que es lo que mejor me sale. Usted tiene una hija hermosa, pero no hablo de la hermosura física, hablo de lo que es ella en su totalidad, de la ternura que hay en sus ojos cuando mira, en su sonrisa llena de bondad, en la pasión con la que defiende sus ideas, en su lucha interna por ser mejor persona cada día, por su sensibilidad ante el mundo... ¡ante la vida misma! Por su amor a los libros... Déjeme que le cuente que una tarde me confesó que lo heredó de usted. Déjeme que le diga que esa misma tarde, entre lágrimas, me dijo cuánto la extrañaba, cuánto le duele este silencio... esta distancia. Entiendo que tal vez, a usted, como madre, le resulte difícil entender por qué su hija se enamoró de otra mujer...

"Pero no estoy acá para convencerla de nada. Solo quería recordarle, por si usted se olvidó, que tiene una hija hermosa... que la ama, que la extraña y que la necesita... Que tenga un buen día, señora".

Al salir, el sol de otoño me acarició la piel. Até mis cordones y me perdí entre la gente, calle arriba.

La crudeza, la crueldad

Cinco cuadras

Se frotó las manos con fuerza, mientras las trataba de entibiar con los soplidos de su boca. No sentía los dedos, por eso le costó tanto terminar de limpiar el vidrio de ese auto. El semáforo cambió a rojo impaciencia y los bocinazos no se hicieron esperar. El dueño del coche, mirando por el espejo retrovisor, lanzó varias puteadas... mientras le depositaba en la mano un montón de monedas.

—Gracias, don... —alcanzó a decirle, antes de verlo acelerar apurado.

Franco determinó que por hoy, el trabajo ya era suficiente. Dio vuelta el balde que utilizaba para limpiar los vidrios y se sentó en él. Hoy había tenido que quedarse más horas trabajando, porque el laburo había estado flojo. Por eso lo había agarrado una tardecita bastante fresca de mayo, mal abrigado y mojado. Sentía que aunque todavía no hubiese anochecido ya estaba helando. Lo confirmó cuando al juntar sus cosas el trapo que utilizaba para secar los vidrios, se encontraba tieso. Arrodillado en la vereda, tiró el dinero que tenía guardado en la lata de durazno y empezó a contar:

—Doscientos cinco pesos con setenta y cinco —y en su cabeza empezó a realizar cálculos. Para que su mamá pudiese hacer un guiso caliente, para él y sus hermanos, alcanzaba. De última, él se servía una ración más pequeña que la de sus hermanos. Ya era grande, se la aguantaba. De solo pensar en el plato de comida caliente, sintió cómo comenzaba el concierto de tripas (así lo llamaba él). Desde que su papá había muerto por la cirrosis, él había tenido que dejar la escuela y ayudar a su mamá. Apenas con doce años, comenzó a caminar la calle. A él le hubiese gustado ser veterinario, le encantaban los animales. ¡Y la guitarra! Cuando su papá vivía, por las noches, después de llegar cansado de trabajar en el mercado, agarraba la guitarra vieja que había heredado de su padre, y luego de afinarla comenzaba a tocar algunas milongas...

—¿Qué te ha pasado, Justicia? Si por ser pobre a mí me pegás y el que se llevó la plata anda de joda y en libertad... —los acordes se colaban por todos los rincones de la casa.

Franco recuerda que en ese entonces fue feliz. Ahora hace tiempo que lo único que siente es cansancio, sobre sus hombros, sobre todo.

Se limpia los mocos con la manga, hace como dos meses que el resfrío no lo deja en paz. Por lo menos, la tos, ya no la tiene. Le faltan cinco cuadras para llegar a su casa, las contó. El barrio se empieza a encender, la gente busca refugio del frío en el interior de las casas. El humo de las chimeneas sube derechito hacia un cielo... que se volvió oscuro. Ya entró la noche. Cuatro cuadras faltan. Ojalá su mamá haya podido encender la estufa. Él antes de irse le dejó la leña hachada, le hizo astillas pequeñas, para que no le cueste encender. Hace mucho frío hoy.

Tres cuadras.

Se estira las mangas del buzo para cubrirse las manos.

Encima, ¡se levantó viento! Los latigazos helados lo castigan en toda la cara.

Dos cuadras... y se lo encuentra. Está sentado en la vereda, con la espalda apoyada a la pared pintada con un graffiti que dice: "Un país que no cuida a sus niños se condena a sí mismo". Su madre le advirtió sobre ese pibe. Le dijo que nunca se juntara con él, que andaba en cosas raras. Por eso intentó cruzar de vereda.

—¡Shhh..., amigo! —le escuchó decir a sus espaldas.

Intentó apurar el paso, sin darse vuelta.

—¡Ehhh, ortiva! ¡¿Ya no me conocés más, gato?!

Esta vez sí se giró y levantó la mano para saludarlo. Habían sido compañeros de escuela, en cuarto grado. El otro se levantó y lo comenzó a seguir.

—¿A dónde vas tan apurado, amigo?

Una cuadra.

El otro ya lo alcanzó.

—¡Pará un cacho, boludo! ¿Qué vas a buscar, a la partera? ¡Charlemos! Hace rato no te veo... ¿qué onda con vos? ¿De dónde venís?

—De laburar un poco —Franco miraba el suelo.

El otro lo miraba de arriba abajo.

—¿Que ya no tenés tiempo para los amigos? —le dijo, mientras se prendía algo parecido a un cigarrillo.

—Es que estoy cansado, cabezón, solo eso —Franco miraba lo cerca que estaba su casa y pensaba que la próxima iba a cambiar de recorrido, así no se lo volvía a encontrar.

—¡Así que estás cansado! ¡Mirá vos, che! Tengo algo que te puede ayudar. Metió la mano en el bolsillo del pantalón mugriento y sacó algo que le entregó a Franco.

—Tomá, es un regalito... ¡es mágico! Te quita el hambre, el frío y las ganas de llorar...

Franco cerró la mano y lo guardó en el bolsillo. Caminó los metros que lo separaban de su hogar y entró.

Lo del hambre y el frío él se lo aguantaba, (¡era grande ya!).

Otra cosa eran... las ganas de llorar.

¿Podrás?

—¿Podrás ir a comprar el pan? —me decía la abuela cuando yo tenía ocho años. La panadería quedaba a unas pocas cuadras de su casa.

—Cinco flautas —me encargaba la abuela, mientras me entregaba en mano su bolsa de las compras color verde con manijas plásticas y en la otra, un rollito de dinero para pagar. Ella seguía insistiendo en mandarme a mí, por más que sabía que las flautas llegaban sin sus puntas porque me las comía por el camino.

—Tené cuidado al cruzar la calle, mirá siempre para ambos lados, porque puede venir un auto en contramano —me decía. (La abuela sabe).

Una tarde, me puse a escuchar una conversación de grandes, y por más que sabía que no se hacía (nunca fui muy obediente), me quedé en silencio y presté oído. Mamá le contaba a la abuela algo de unos golpes, la escuché decir que estaba cansada, que no aguantaba más, que se quería separar. Desde mi lugar, detrás de una cortina, observé cómo la abuela, mientras, seguía cocinando, le decía a mi mamá lo siguiente:

—Y si te separás, ¿qué vas a hacer sola con tantos chicos? ¿Te pusiste a pensar? ¿Con qué les vas a dar de comer, si ni trabajo tenés? ¿A vos te parece que es fácil separarse? ¿Por qué no aguantás?

Con esa última pregunta de la abuela vi cómo la mirada de mamá se cargó de agua salada. Desde ese día, siempre tiene mirada triste. (La abuela sabe..., repetía yo). Aunque algo dentro mío me decía que no.

—"El zorro sabe más por viejo que por zorro" —decía la abuela. A mí me habían enseñado a respetar a los mayores y a prestar atención a sus enseñanzas, sus años a cuesta les daban experiencia, eran sabios, ya las habían pasado todas, había que escucharlos.

Y así fui creciendo. Con el tiempo aprendí maneras de ver las cosas diferentes a las que me habían enseñado. Aprendí que hay mucha gente que no sabe nada, o que sabe poco. O que sabe mal. Entendí lo de la tristeza en los ojos de mi madre, entendí de dónde vienen esos mandatos tan equivocados, también entendí a la abuela. Aunque ya no está.

Me hubiese encantado poner una pava al fuego, armar un mate con cáscaras de naranja como le gustaba, y contarle que a ella también le habían enseñado mal. Que yo estoy desenseñándome, casi como aprendiendo a caminar. Que voy de a pasitos..., pero que no me detengo. Que no ha sido fácil darme cuenta, pero lo he hecho y acá barajo y vuelvo a dar. Que mamá todavía no lo entiende, pero que no pierdo la esperanza de que algún día lo hará.

...Que te perdono a vos, la perdono a mamá y me perdono a mí.

...Que estoy desenseñándome, casi... como aprendiendo a caminar.

By Cacho

—Hay que dejarse ver, permitir que el otro nos encuentre —me dijo Cacho, el mecánico, con las manos llenas de aceite y el capó levantado del viejo Renault 12. Yo, apoyada contra mi auto, largué la risa.

—¡Te reís, pero es así! ¡Traés el escudo muy arriba, nena! ¿Cómo pretendés entonces que alguien se pueda acercar?

Esa mañana, precisamente, no me encontraba preparada mentalmente para recibir sermones. Mientras él se perdía dentro de la fosa, me dispuse a calentar agua para unos mates. El service iba a demorar un rato, y yo necesitaba el auto para hacer mil cosas pendientes. Decidí que lo iba a esperar. Vi emerger a Cacho del hueco oscuro, limpiándose las manos con un trapo y volviendo a la carga con el tema:

—¿Captás lo que quiero decirte? Si vos no dejás de estar a la defensiva, no veo un futuro amoroso próspero. No hagas que otros paguen el pato por cosas que no hicieron. Mirame a mí: ocho hijos y tres matrimonios —continuó—. Me hicieron mal, a veces fui yo quien lastimé, fui un hombre feliz por momentos, y otros no tanto. Dejé y me dejaron. Cada vez que una historia llegó a su fin, junté uno a uno los momentos bonitos y con eso me quedé. Volví a apostar, una, dos, tres veces..., pero nunca me permití abandonar. ¡Me enamoré de nuevo! De otras sonrisas, de otras pieles, otras cosas que compartir. Los amores van mutando, leí por ahí.

Le alcanzo un mate con la esperanza de que, teniendo la boca ocupada, deje de hablar. Comienza a cambiar el filtro de aire en silencio y yo disfruto mi pequeña victoria.

—¡Qué sé yo...! Es lindo tener una familia. ¡Vos estás muy sola, nena! —lanzó al aire las palabras con un suspiro de resignación. Cerró el capó, mientras yo deseé que cerrara la boca.

—¡Está listo! —me dijo, mientras me entregaba todas las piezas viejas que había cambiado.

Miré mi reloj y me percaté de cómo se había esfumado el tiempo. Le entregué en mano la paga por su trabajo y él, en el ínterin, aprovechó para darme la estocada final:

—Haceme caso, tenés que dejarte ver, permitir que el otro te encuentre. Bajá la guardia y confiá.

Abandoné el taller de Cacho con la certeza de que la vida permanentemente nos sorprende, (de forma grata), con personas sabias... en cualquier lugar.

Catita

¡¡¡Que los cumplas feliz, que los cumplas feliiiz, que los cumplas, Catitaaa, que los cumplas feliiizzz!!! ¡¡¡Bieeennn!!! Los aplausos sonaron en la galería fresca, donde su mamá había armado la mesa cargada de vasitos descartables, servilletitas con dibujos de "Cars" (que habían sobrado del cumple de su hermanito Juan), chizitos y papas sueltas compradas en el almacén de la esquina, una pasta frola que trajo la abuela, jugo del que viene en damajuana, preparado en la jarra azul donde a veces sirve el vino, que pone en la mesa cuando su mamá le pide que ayude, ¡que ya es grande!, que tiene que aprender, porque ella a su edad lavaba, planchaba y cocinaba para toda su familia. Hace mucho calor hoy. Catita lleva puesta la pollera con volados que heredó de su prima Barbarita que hoy tiene 13, tiene puestos cancanes color amarillo, que usa en invierno debajo del pantalón, cuando hace mucho frío (¡son muy incómodos!, se le bajan y cada tanto se los levanta, cuando empieza a sentir que el fundillo, como dice la abu, le llega a las rodillas)... y una polerita de modal con dibujitos de flores. Están los primos del campo. Tomás, el vecinito de la vuelta. El tío Raúl y la tía Elvira y, por supuesto, ¡la abu Irene! Su papá está trabajando. "Hoy te voy a fallar", le dijo.

Ese día amaneció ansiosa, ¡era su cumple número 9! Su mamá había ahorrado en la semana algunos pesos y le había dicho que una torta chiquita, aunque sea, le iba a hacer. ¡Estaba feliz! Le entusiasmaba la idea de recibir al menos un regalo, solo uno, con eso se conformaba. Quería la pelota de fútbol que había visto en la tele, pero su mamá le había dicho que no fuera marimacho, que eso era juego de varones... así que no sabía qué le iban a regalar, al final. Cuando vio dos paquetes con papeles brillantes y moños grandes, no podía más de la felicidad. Uno era de su mamá y el otro de los tíos. La abu le había dicho que estaba corta de plata, por eso le había hecho la pasta frola, ella le había dicho gracias y la había besado fuerte en la mejilla huesuda. ¡Estaba viejita la abu!

Al primer paquete lo abrió con timidez, sin quitarle los ojos de encima a su mamá. Era un rompecabezas. "¡Ese es nuestro!", dijo el tío Raúl.

—¿Cómo se dice? —la miró su mamá desde la punta de la mesa.

—Gracias, tíos... —Catita se acercó y los besó a los dos.

El paquete restante ya lo abrió con desesperación, ¡tenía que ser! ¡En ese estaba! ¡¡¡Lo sabía!!! El paquete era grande, ya no le cabían dudas de que ese regalo era la pelota que ella quería. La sonrisa se le fue volviendo mueca mientras sacaba del envoltorio una palangana y una tabla de madera para lavar ropa... de juguete. Creo que ese día supo lo que significaba la desilusión. Como cuando su mamá le decía lo desilusionada que estaba de ella, cuando sus notas en la escuela no eran dieces sino ochos, nueves, y hasta un nueve cincuenta, pero nunca un diez. ¡Y mirá que se esforzaba! Pero, nada... Secretamente pensaba que a la maestra no le agradaba mucho, capaz porque era becada en un colegio privado, no lo sabía.

—Gracias, ma —se acercó a darle un beso. Cuando estuvo cerca, ella le susurró entre dientes: "Cuando se vayan todos, vos y yo vamos a hablar; ¡cambiá esa cara!". Y sintió los dedos de su madre apretarle el brazo.

El resto del cumpleaños lo pasó entre juegos y rezos.

—Diosito, ¡ayudame, por favor! Si hacés que mamá se olvide, te prometo que a partir de ahora me como toda la comida que me sirvan, uso los patines para no marcar el piso... ¡siempre! No salgo a jugar en los recreos y me quedo estudiando en el salón. Pero, por favor, ¡que mamá se olvide!

Cuando se fue el último de los invitados, los retorcijones en la panza fueron en aumento.

—¡Andate a dormir! —su madre entraba del patio a la cocina. (Jamás agradeció tanto que la mandaran a la cama).

¡Qué calor que hacía, y ella de polera y cancanes!

Se fue quitando la ropa de a poco, mientras la luz del velador revelaba sobre su piel el secreto de por qué vestía tan abrigada siendo enero.

Los rezos habían funcionado. Apagó la luz y soñó con pelotas de fútbol y un diez en la escuela.

Asado de hermanas

—¿Puedo putear? —Marina, con una rama en la mano, revolvía las brasas del fuego para el asado.

—No, ¡no podés! —le lanzó Eugenia mientras le arrebataba la rama de la mano, con fastidio—. ¡Como tampoco podés meterte con el fuego de mi asado! ¡Primera regla básica que deberías recordar!

Marina se sintió nuevamente una nena que había sido retada por un mayor... ¡ojo con el fuego, que te podés quemar!

Eugenia, casi con culpa, miró de reojo a su hermana mayor que había quedado pensativa.

—No lo tomes a mal... pero es que cada vez que venís, los nenes aprenden una nueva mala palabra y después la repiten en el jardín y no quiero —argumentó Eugenia.

—No pasa nada —dijo Marina, mientras se disponía a poner la mesa. Fue repartiendo los platos, acomodando los vasos... todo en un silencio incómodo.

—¡¡¡Tíaaa!!! —la tropa de sobrinos irrumpió en el patio. Juancito a la cabeza, Tobias por detrás. La lluvia de besos y abrazos apretados no se hizo esperar.

Eugenia miraba la escena con ternura: sus hijos por fin dejaban la Play de lado para unírseles en el patio. ¡Cuánto le costaba sacarlos un rato de la compu! Pero eso no pasaba cuando llegaba ella, su hermana mayor. Los pibes, con solo escuchar su voz, dejaban todo lo que estuvieran haciendo y corrían a su encuentro. Eso, siempre, se lo debía a ella.

Eran solo dos hermanas. Eugenia era la menor, se había casado y tenía dos hijos, su marido trabajaba en el banco, tenía una casa hermosa con quincho y pileta, un perro y vacaciones dos veces al año. Marina, en cambio, era la tía solterona de la familia. Siempre abocada a su trabajo, en una oficina contable. Había tenido varias parejas, pero... "ninguna la había visto realmente", eso decía ella. Estaba entrando en los cuarenta. Morocha y esbelta, con una sonrisa amplia que transmitía confianza. Como cada sábado por la noche, las hermanas cenaban juntas.

—Juachi y Tobias: vayan a llamar a papá, y avísenle que esto ya casi está —dijo Euge con ternura. Cuando vio a sus hijos alejarse, se acercó a donde estaba su hermana, intentando destapar una botella de vino.

—Dame, yo te ayudo —le dijo sin dejar de mirarla. Destapó la botella con la facilidad de siempre (pensó Marina), sirvió dos copas y arremetió:

—Boluda, ¿qué te pasa? ¡Vos no estás bien hoy!

Marina bebió un sorbo de su copa, hizo un suspiro profundo y se sinceró:

—Me siento vacía...

—...

—Busco conocer gente, ya no me encierro como antes, pero me sigo sintiendo a medias. Como si después de aquella relación algo en mí hubiese cambiado... —otro sorbo de vino—. A veces pienso que busco sentir en otra relación la plenitud que sentí. Caigo en comparaciones que solo dañan. Y cuando por fin logro abrirme a alguien, consigo volver a apostar, volver a sentir aunque solo sea un poco... me encuentro con gente que quiere solo ratos. Pequeños fragmentos de tiempo.

Euge escuchaba atenta a su hermana. A pesar de la edad, parecía ser ella la mayor, muchas veces.

—Veo más gente separada y sola que la que quiere compartir una vida de a dos. Y eso me preocupa... ¡porque siento que no encajo! ¡Que sigo queriendo a la antigua! A veces busco adaptarme al cambio, porque es evidente que algo cambió, pero me dura semanas. No logro querer de esa forma... liberal, despreocupada, *open mind*, le dicen... ¡No puedo! ¡No quiero!

Euge no pudo menos que tragar saliva y abrazar a su hermana...

—Vos no tenés que cambiar... —le susurró—, estoy segura de que no sos vos la que tiene que cambiar.

La llegada de los comensales a la mesa interrumpió la charla.

—Te salvó la campana —le dijo Euge con un guiño—. ¿La seguimos con un café después?

Marina asintió con una sonrisa y ocupó su lugar en la mesa. El más pequeño de sus sobrinos corrió a sentarse en su falda, y ella sintió que eso era todo lo que estaba bien.

—¡¡¡Aplausos para el asador!! —dijo alguien.

Y resonaron palmas, en el patio trasero... de alguna casa... en algún barrio.

La siesta

¡Cómo odiaba la siesta! Creía que a todos los nenes de su edad les pasaba... pero a él, a sus diez años, le resultaba innecesaria. Esa tarde, después del guiso del mediodía, su madre lo había mandado a dormir la siesta.

—Malala, andá a acostarte, lavate bien las patas antes, ¡mirá cómo las tenés!

Malala se miró las patas chorreadas de barro, que daban cuenta de una mañana ajetreada dentro del monte.

Salió refunfuñando hacia el patio, agarró el fuentón de chapa y lo llenó de agua, metió las patas dentro. ¡No entendía esa manía de los mayores de dormir siesta! ¡Él no quería! ¡No estaba cansado! Podía jugar todo el día, trepar árboles altísimos, correr carreras con su perro y aún así no estar cansado. Una vez hasta había bajado al pueblo..., pero eso era un secreto.

Se limpió los mocos con la manga. Pensaba que esa tarde, justo, era la ideal para ir a darse un chapuzón en el arroyo, ¡hacía demasiado calor! (¡Siesta de mierda!).

En esos pensamientos estaba enfrascado, por eso no lo vio venir: el cintazo le cruzó la espalda, solo hizo un quejido seco (de tantos golpes ya la espalda estaba curtida).

—¡¿Qué te dijo tu madre...?!...

La cara de su papá estaba desencajada. Siempre que le pegaba se ponía así. Malala se agachó y cubrió su cabeza con las dos manos.

—Pendejo de mierda, ¡¡¡siempre hacés lo mismo cuando te mandan a dormir!!! —y otro cintazo vivoreó en el aire.

Se secó las patas como pudo y salió disparando para adentro de la casa. Podía sentirlo pisándole los talones. Se metió en la cama más rápido que otras veces y se tapó hasta la cabeza. Los demás cintazos que vinieron después no le dolieron tanto: las frazadas amortiguaron los golpes. Igual le dolía otra cosa. Era algo en el pecho. Lloró bastante y nuevamente maldijo la siesta. Cuando la casa estuvo en silencio, se vistió despacito sin hacer ruido, agarró su honda, una manzana y enfiló para el monte. Esa vez no volvería.

En puntas de pie

Salió de su casa en puntas de pie, no debía despertar a nadie. En una de sus manos carga una botella grande, llena de agua. La temperatura es elevada, y esa mañana, la voz del locutor por la radio había recomendado hidratarse mucho para evitar un golpe de calor. Cruzó la tarde de ese mes de enero en un silencio adormecido por la siesta del barrio. Lo único que se escuchaba a esa hora, tan sagrada para muchos, era el arrastrar de sus alpargatas por las veredas. Se adentró en el potrero. Con su mano se hizo una visera contra el sol y comenzó a buscarlos. Debajo de la mínima sombra que brindaba un tapial, los divisó. Empezó a acercarse, secándose el sudor de la cara con la manga de su camiseta. Ya desde lejos realizó el conteo. Eran diez en total, incluyéndose.

Cinco contra cinco, calculó, en voz baja.

Al llegar, encontró a la mayoría en cueros. Las remeras cubrían sus cabezas del sol. Algunos salieron del letargo y levantaron la mirada.

—¿Así vas a jugar vos? —le dijo el morocho narigón que tenía la pelota, señalando sus pies.

Asintió con un movimiento de cabeza y luego deslizó un:

—No me hace falta más —que aunque no era en un tono sobrador, generó en el resto incomodidad. Algunos miraron de reojo y se comenzaron a preparar.

Con pasos contados midieron la cancha, la que fueron

marcando con el taco de los botines en la tierra. Buzos y piedras fueron los palos improvisados de los arcos. Se eligieron los jugadores para cada equipo y se determinó, votación mediante, qué era lo que debía pagar el equipo perdedor. Debido al calor reinante, todos estuvieron de acuerdo de que los tiempos no fueran mayores a los treinta minutos, pudiendo parar a tomar agua, si así lo necesitaban. Una moneda da vueltas en el aire y ya se sabe qué lugar ocupará cada uno en la cancha. Siente nervios, no conoce a casi nadie de los que están en la cancha. Comienza el peloteo previo y piensa que ya es tarde para echarse atrás. Alguien con reloj indica el comienzo del partido. Ni bien le llega la pelota a los pies, los nervios desaparecen. Comienza a trasladarla con toques suaves, levantando la cabeza para buscar un pase. El narigón, canchero, le hace frente para sacársela, dejando confiado un hueco entre sus piernas. La pelota se cuela por ese túnel al grito de los demás:

—¡Qué cañooo! ¡Jaja, cerrá las piernas, narigón! —y el narigón bufa por lo bajo, apretando los dientes.

El partido está parejo, muy pocas llegadas al arco de cada lado. Un pibe flaquito de unos once años, que tiene pestañas blancas, por eso lo diferencia del resto, le marca un pase con la cabeza. De inmediato corre, con toda la velocidad que le permiten sus alpargatas, dentro del área. La redonda viene llovida y ya sabe dónde va a caer, calcula el momento de pegar el salto para embestirla con el lateral izquierdo de su cabeza. El narigón ya está a su lado. Le toma la camiseta para impedir que se eleve, pero se eleva igual. Se eleva y cabecea... enviando la pelota dentro del arco, dejando desparramado al arquero rival.

—¡¡¡Gooolll!!! ¡¡¡Golazooo!!! —gritan todos los de su equipo y hasta el arquero corre a saludar.

El narigón se queda mirando raro, desde el área, con los brazos en jarra.

Termina el partido. Termina con el triunfo de su equipo y su gol. Siente orgullo.

—Jugás re bien —le dicen algunos.

Todos se abalanzan a las botellas de agua. El calor es más sofocante.

El narigón propone:

—¿Jugamos la revancha? —mientras le dirige una mirada desafiante.

Algunos se miran y asienten. Otros, todavía, no pueden recuperar el aire.

El narigón con la pelota debajo del ala, comienza a armar su equipo:

—Vos, vos, vos también, ehhh... y vos, alpargatitas veloces —le dice, mientras le apoya el dedo índice en su pecho.

—Ah me olvidaba... —sigue burlón— vas al arco.

—¿Pero, por qué? —exclamó con indignación—. ¡Yo quiero jugar!

El narigón, con paso altanero, dándole la espalda, responde:

—Simple, soy el dueño de la pelota. O atajás o no jugás.

—No juego —se le escuchó decir bajito.

Mientras abandonaba el potrero, entre una mezcla de bronca y alegría, pensaba:

—¡Narigón boludo! ¡No se aguanta nada! ¡Menos, el caño y el gol de una mujer!

Y yo de nuevo

La culpa

¡La culpa la tiene el que se enamora! ¡Todos lo sabemos! ¿Dónde se ha visto que se entregue el corazón así, de una? ¡Ellos tienen la culpa! ¡Y mirá que uno les dice cómo son las cosas! ¡Pero son porfiados! ¿Quién los manda, decime? ¡Atrevidos! Después lloran, después los ves por los rincones haciéndose las víctimas... Y no lo son. Te miran con esos ojitos cargados de ternura por cada movimiento y boludez que hacés, pendientes de hasta el mínimo detalle para, según dicen ellos, hacerte feliz. ¡Dame espacio! ¡Intensos! Son esos que al verte salir por esa puerta te dicen: "Amor, llevate abrigo, afuera hace frío"; "vida, tirame un mensajito y avisame que llegaste bien"; "negra, ¿cómo te fue en el trabajo hoy?"; "vení, sentate que te cebo unos mates... tenés cara de cansada"; "dejá, amor, hoy cocino yo"... y hasta te lavan los platos, te pasean el perro, te cuidan en la cama si enfermás, te planchan tu camisa preferida, hacen nudos de corbatas, lustran zapatos, toman de la mano a tus hijos al cruzar la calle (que no son de ellos, pero los aprenden a querer como si lo fueran), te abrazan fuerte, te dicen que "vos podés", nunca se les gastan los besos, ¡prestan oído y siempre tienen consejos! Los vas a ver esperándote en la parada de un colectivo, para que no camines sola de noche. Algunos suelen estar haciendo cola en los supermercados para esperarte con la comida que más te gusta. A otros, los más románticos, se les da por comprarte flores, bombones y escribir poesía. Los que te abrazan al dormir, y traen desayunos a la cama. Son esos que fueron a la playa y no a la montaña solo porque vos querías.

¿Ves lo que te digo? ¡No se puede ir por la vida siendo así! ¡Inconscientes de mierda!

La culpa la tiene el que se enamora..., la culpa la tengo yo.

Invitación

Pensaba en los miedos. ¡Terribles hdp! Aparecen cuando menos los esperás... ¿o cuando más? La cuestión real es que son el impedimento más grande que hay cuando uno quiere avanzar, cuando son necesarios los cambios. En cualquier ámbito. Son un lastre, un estorbo. ¡Pájaros de mal agüero! Miedos traicioneros, inoportunos, que se instalan en la boca del estómago como si fuera su casa. Son esos que te hacen quedar callado cuando te urgía hablar. Los que te dejan parado en la misma baldosa por el temor a fracasar otra vez. Hay quien sabe (porque yo no, y solo toco de oído) que los traemos y son aprendidos, que son necesarios para la "supervivencia", y que al contrario de lo que pensamos, nos obedecen a nosotros. Durante mucho tiempo hemos visto perderse por alguna esquina a personas queridas, amores que no habían terminado, amigos, trabajos, estudios, viajes a algún lugar... ¡Estamos a salvo! ¡Parados en el mismo lugar, pero a salvo! (La supervivencia, otra vez). Pero mirate al espejo, probá sonreír. ¡No podés! Antes, aunque te pareciera tonto el ejercicio, lo hacías... ¡sonreías! Era una sonrisa distinta. Ahora te falta color, estás gris. Abrí la puerta y salí, vení conmigo. Salgamos de acá. Dame la mano, seguro nos van a mirar. Que no te importen sus ojos, ni lo que vayan a hablar... Vos... tomame de la mano y empecemos a vivir.

Reclamos

¿A dónde se envían los reclamos cuando todo llega roto? Y es que hablan mucho sobre dejar las corazas de lado, ser valientes y apostar de nuevo... Y esta piba está en ese plan, en el de volver a creer que realmente se puede. Me contó que la otra noche se la pasó pegando curitas en una mujer que llegó de improviso. La conoció en un boliche. Hubo conexión ni bien se miraron y lo que parecía iba a ser una noche diferente dio un giro inesperado ni bien la tomó entre sus brazos. Rompió en llanto, con un dolor antiguo, dijo, y con algún que otro nuevo. Se había acostumbrado a que últimamente llegara gente sin alma, así, como te cuento. Cuerpos sin nada, solo ropa. Ropa que ella sacaba casi con maestría. Casi que se había amoldado a esta ola de moda, que la vida, a estas alturas, arrojaba a su playa. Por eso cuando a esta mujer se le escapó la primer lágrima, se sorprendió. Una mujer que llora cuando está a punto de hacer el amor es... una mujer con una sensibilidad sumamente especial o... una que llega toda rota por mucho dolor. Y la piba la cazó al vuelo. Le preparó un café, y se convirtió en su oído durante el resto de la noche. Así se enteró de que había perdido a uno de sus hijos en un accidente, hacía un par de años atrás. Su marido de toda una vida la había cambiado por un modelo más nuevo, así lo dijo. Y durante esa tarde, como para completar su desdicha, se le había perdido el caniche, ¡su mascota! ¡Su más fiel compañero!

Esta piba me contó que ahí comprobó eso de que cuando uno llora "nunca llora por lo que llora, sino por todas las cosas por las que no lloró en su debido momento" (escribió Benedetti, ¿no?), y no pudo menos que sonreírle comprensiva. Pero había una pregunta obligada que tuvo que hacerle:

—¿Por qué te viniste conmigo?

Me contó que esa mujer se quedó en silencio, como buscando dentro suyo las palabras que al abrir la boca iban a salir. Las buscaba cuidadosa, tal vez, ¿para no herir?

—Porque dicen que entre mujeres nos entendemos —le dijo.

La piba había escuchado esa afirmación en reiteradas ocasiones. Lo que no quería decir es que, por ese hecho, ella creyera en que era una verdad absoluta.

—Mmm..., no es tan así como dicen, es hasta más complicado... Pero eso otro día te lo cuento.

La piba me cuenta que acompañó a aquella mujer hasta la puerta y que al despedirse le dio un beso en la mejilla con ruido, con un: "GRACIAS" abrochado a los labios. Así, ¡enorme y con mayúsculas! La vio meterse en el auto antes de que amaneciera. El barrio todavía permanecía en el silencio de un adormecido domingo.

A mí me despertó el mensaje de la piba tan temprano:

—Gi...

—¡Hola! ¿Qué pasó? ¿Por qué tan temprano?

—¿A donde se envían los reclamos cuando todo llega roto?

Con tus colores

Es que vos querés quererme a tu manera, colocando los colores que más te gustan. Proponés y querés disponer a tu antojo y yo, que no soy mansita, pataleo. No importa si en ese "a tu manera" yo desaparezco un poco. Vos necesitás poner tus condiciones por delante, tus reglas básicas de un juego en el que ya sabemos quien gana y quien será el perdedor. Y yo no sé si quiero jugar así. A veces también me gusta ganar. A veces también quiero tirar los dados primero. Yo te quiero así, con todo lo que traés y lo que sos. Te quiero con tus cosas lindas y con las otras también. Con tus ronquidos por las noches, que muchas veces no me dejan dormir. Con ese suéter viejo con el que te encariñaste y no querés tirar. Con tu desorden desparramado por la casa, hasta cuando mordés el tenedor al comer... ¡te quiero! ¡Con todos tus demonios te quiero! (Y mirá que son muchos, ¿eh?). Yo te dejo entrar en mi vida así... ¡completo! Tal cual sos, no necesito cambiarte nada. No quiero hacerlo. El prototipo de amor perfecto –que me enseñaron– hace rato lo tiré por ahí. ¡No existe! Y me alegra haber podido descubrirlo a tiempo. Te toca hacerlo a vos. Por eso, cuando me decís que algo de mí no te gusta, solo te miro, pero por dentro me estoy despidiendo. Yo decido no quedarme con alguien que quiere cambiar lo que soy. ¡Y ojo! Que entiendo que hay cambios buenos. No me las sé todas y vivo en un continuo *aprendimiento*, pero de algo estoy segura y es de lo que no quiero. Por eso, anoche, al irme a dormir y apoyar mi cabeza en tu pecho, entendí que si no te gusta cómo soy el problema es solo tuyo, deberías resolverlo.

Yo así, ¡no juego!

Calladita

"Calladita te ves más bonita"... de tanto escucharlo, casi que me lo creo. Casi, pero no. Para la fortuna de algunos, (¡la mía propia!) y para desgracia del resto. No quiero ser sumisa ni modosita. Si algo no me gusta, te vas a enterar y nada de lo que hagas va a impedir que yo me exprese. Con fuego callaban antes. Antes, eran otros tiempos.

Tengo la palabra y no tengo miedo de usarla.

Deseo

Ojalá se te atragante la boca de palabras.
Ojalá te devuelvan todo lo que das.
Ojalá te enamores. ¡Ojalá!

La mujer del otro lado

A besos se levanta, a veces no. Y es que últimamente se descubre amaneciendo sola. No hay sorteos para ver a quién le toca traer el desayuno a la cama. Hay un solo de cucharita contra la taza de café con leche y un montón de migas esparcidas entre las sábanas. Se despereza con la impunidad que le brinda tener toda la cama para ella sola. Será un domingo de piyama. Acomoda su pelo en un intento de cola, todavía no se quitó la manía de no peinarse, y hoy tampoco se lava la cara. Encuentra sus zapatillas preferidas y con los cordones desatados se dirige a la cocina. Inspecciona la heladera (debería ir al super, ¡no hay nada!). Con lo que encuentra, para el almuerzo alcanza. Se hace unos mates viajeros, de esos que preparás y paseás por toda la casa, comienza a correr las cortinas y deja que el sol se meta por las ventanas. En su recorrido por la casa, se encuentra de frente con el espejo de la sala, se mira, se acerca más y se mira. No ha cambiado nada su cara, a pesar de los años que ya tiene. La mujer del otro lado también la mira. Ella es más profunda..., siempre lo ha sido. La cuestiona, la indaga con la mirada, siempre clavándole alfileres en las sienes, siempre robándole la calma. Su mirada es tan fuerte que le cuesta sostenerla y, por momentos se le da por esquivarla. ¡Evitar sus ojos no ayuda! La mujer al otro lado del espejo existe. Le lanza una mueca que quiere ser sonrisa, con los ojos le dice que “no pasa nada”, que “está todo bien”... ¡a ella!, que no se conforma nunca. Nota resignación en sus ojos... y otra vez su "eyyy, ¡no pasa nada!" le deja una sonrisa con dientes... un guiño y se escapa.

Permiso

No digas nada. No es necesario. Solo dejame apoyar mi cabeza en tu pecho. Se siente bien estar así. Mientras nos sostenemos los sueños en un abrazo, el mundo sigue afuera haciendo de las suyas. Bendito sea el día en el que coincidimos por la misma vereda. Benditos los planetas alineados y bendita sea la madre que te parió. Acá quiero quedarme. Lo sé. Pero no digas nada. Te intuyo en la boca las palabras. Por eso, te llamo a silencio. Por eso, te sello los labios con un beso. Tenés que conocer antes los fuertes vientos: los días de indecisión, los días en los que creo que no soy capaz, los días en que me escapo en bicicleta y me niego a escribir, o cuando las persianas están bajas y solo quiero dormir, aquellos en que los cambios empiezan cortándome el pelo, aquellos en donde las injusticias me provocan desvelos, cuando me encabrono y digo todas las puteadas juntas, o cuando, sin previo aviso, me invaden las culpas. A veces me llevan todos los demonios juntos, me vuelvo arisca, terca y cabeza dura. Otras, el orgullo me ciega y me cuesta pedir perdón. Las dos grandes palabras te queman la boca, es necesario, entonces, que te advierta esto. Y si después de conocer un poco más, decidís que aún así querés permanecer..., entonces, sí, te doy permiso. Entonces sí, decime que me querés.

PREGUNTA

Le tomé la mano y sosteniéndola entre las mías le pregunté:

—¿Qué ves cuando me mirás?

—¡Una loca de mierda!, pero buena gente... —respondió.

Me dolió lo de buena gente.

www.ingramcontent.com/pod-product-compliance
Lightning Source LLC
LaVergne TN
LVHW041117150826
845673LV00007B/2096

* 9 7 8 9 8 7 8 3 1 0 4 8 0 *